AF257742

B. TAILLEFER

LES COUTUMES
DE MONTCUQ

CAHORS

IMPRIMERIE G. ROUGIER, 4, RUE FRÉDÉRIC SUISSE

1912

LES COUTUMES DE MONTCUQ

Extrait du *Bulletin de la Société des Etudes du Lot*
(Tome XXXVIe)

B. TAILLEFER

LES COUTUMES DE MONTCUQ

CAHORS

IMPRIMERIE G. ROUGIER, 4, RUE FRÉDÉRIC SUISSE

1912

LES COUTUMES
DE MONTCUQ

I

M. E. Dufour a publié, en 1861, le texte des anciennes coutumes de Montcuq et s'est servi pour cela d'une copie trouvée aux Archives municipales de cette ville et datée de 1606. Au point de vue philologique cette copie est très défectueuse ; on voit bien que le scribe avait de vagues notions de la langue romane parlée au XIIIᵉ siècle. Mais le 22 mars 1909, M. l'abbé Viguié déposait au siège de la *Société des Etudes* une copie sur parchemin de ces mêmes coutumes, vidimée en 1463 par le sénéchal du Quercy, noble Pierre de Ramon. Ce nouveau texte nous a été gracieusement communiqué et nous avons pu relever un grand nombre de fautes, parmi lesquelles quelques-unes ayant une certaine importance. Nous les signalerons article par article, afin de rétablir autant que possible le vrai texte. Mais auparavant, il y a un détail que ne pouvait noter M. Dufour, parce qu'il l'ignorait ; nous voulons parler de la procédure qui a précédé et suivi la confirmation des coutumes faites le 30 novembre 1463. Ces actes que nous avons extraits des minutes de Natalis, notaire à Montcuq (K nᵒ 74 — fᵒˢ 87 à 89, 89 à 91, 91 à 92, et 127 à 132, aux Archives départementales de Tarn-et-Garonne), nous paraissent de nature à compléter l'étude de M. Dufour, en fournissant des explications à la fois intéressantes et inédites. C'est ce qui nous a engagé à rédiger cette note.

Louis XI venait de succéder à Charles VII, en 1461. Aussitôt, suivant l'usage, les différentes villes du royaume lui envoyèrent des délégations pour obtenir confirmation de leurs privilèges. Nous disons « suivant l'usage », car nous avons eu sous les yeux une série d'actes de ce genre concernant la ville de Lauzerte, en attendant les lettres patentes datées de Nogent, mai 1464.

Donc, à l'avènement du nouveau roi, les habitants de Montcuq décidèrent de lui demander confirmation de leurs coutumes. En conséquence, le 25 octobre 1463, une assemblée générale de la communauté se tint dans l'église Saint-Hilaire sous la présidence des consuls qui étaient « nobles et puissants seigneurs Guillaume de Luzech, chevalier, seigneur de la baronnie de Luzech et des Tours, Pierre de Ferrières, seigneur de Bagat, en la juridiction de Montcuq, Pierre de Lapeyrière, Guillaume de Vessia als Grezels, Jean de la Vigaria, Pierre Coyne et Aymeric de Sabatier. Ils étaient assistés de leur conseiller « honorable et circonspect Jean de Valle, docteur ès-droits et recteur de ladite église Saint-Hilaire ». Chaque paroisse ou section de la juridiction était représentée : noble Bertrand d'Orgueil, seigneur de Marcilhac, Galhard de Baynac, seigneur de Floressas, Raymond de Maresc, prêtre et recteur des églises de Sainte-Croix, Saint Félix et Belmontet, annexes, Me Durand Pagès, Raymond de Nasses, bourgeois, Pierre Lacarrière, als Volve, savetier, Jean Sabatier, marchand, Jean Chevalier, als Pechmécha, noble Pierre Correch, forgeron, Jean Dautefage, als Dossa, forgeron, Raymond de Brueil, als Vitrac, préparateur de draps, Bernard de la Carrière, forgeron, Antoine Solabellis, tisserand, Guillaume Roguié, tailleur, Bernard Compastier, tailleur de pierre, *de Montcuq* ; Jean de Bosc et Géraud de Ségui, laboureurs, du lieu et paroisse *des Cabanes de Saint-Georges ;* et Jean de Montméja, als Dutcorn, et Jean Filhol, du lieu et paroisse *d'Escayrac :* Hugues Lacquié, de *St-Cyprien* ; Raymond Medici, als del Boys, de *Montlauzun ;* Bertrand Penne et Géraud Turlan, de *St-Daunès ;* Guillaume Adhémar, de *Lacapelle près Tozac* ; Arnaud del Castanhier, de *Lebrel :* Pierre del Garric, de *St-Géniès ;* Jean Mirc, de *Sainte-Croix ;* Jean de Belmas, als de Belugo, de *Sérinhac.*

D'un commun accord, ils avaient décidé pour le bien de la communauté, de supplier « noble, magnifique et puissant homme Me Pierre de Ramon, chevalier, seigneur de Folmont, en ladite juridiction, chambellan et conseiller du seigneur roi de France, et son sénéchal pour le Quercy, l'Agenais et la Gascogne, de vouloir bien leur obtenir confirmation de leurs coutumes, franchises et libertés ». Celui-ci avait répondu « qu'il était fils de la ville et de l'honneur de Montcuq, comme ses prédécesseurs l'avaient été dans le passé et comme ses successeurs, Dieu aidant, le seraient à l'avenir, et qu'alors, si les consuls et habitants voulaient bien lui donner la somme de 300 écus d'or, monnaie de

France courante, il se faisait fort de leur obtenir confirmation de leurs privilèges et libertés, et de leur apporter ici même l'acte de confirmation signé et notarié ». A cela les consuls avaient répliqué qu'ils ne pouvaient s'engager sans avoir au préalable pris l'avis de la communauté. Aussitôt l'assemblée délibère et,reconnaissant combien les libertés et coutumes ont été utiles, dans le passé, et combien elle en attend du bien pour l'avenir, décide d'en demander la confirmation par l'intermédiaire dudit Pierre de Ramon, moyennant la somme fixée de 300 écus d'or, qu'elle s'engage à payer. (L'acte en latin est rédigé en présence de Jean de Valle, docteur es-droit, Jean de Luzech, écuyer, et Me Pierre Sabatterii, notaire de Lauzerte.)

Immédiatement après, les consuls, en leur nom et au nom de la communauté s'engageaient par obligation à payer les 300 écus d'or aux conditions fixées, se réservant, si la confirmation des coutumes n'est pas obtenue et apportée comme il est dit, de faire casser leur obligation et de ne point verser la somme convenue. (Autre acte en latin, passé en présence de Jean de Val'e, recteur de St-Hilaire, Raymond de Maresc, recteur de Sainte-Croix, seigneur Jean de Luzech, écuyer, et Me Pierre Sabatterii.)

Le lendemain 26 octobre, nouvelle assemblée convoquée par les consuls sur la place publique appelée « lo canto des mal cosseilh » pour la répartition de l'imposition nécessitée par le vote des 300 écus d'or. Etaient présents avec les consuls déjà nommés noble Jean de Montaigu et Jean de Bosc, autres consuls ; puis viennent Me Pierre Solabellis, notaire, Pierre Grégoire, Rolland Rigal, savetier, Pierre de Corno als Boet, Pierre Couderc, Raymond Viguié, tailleur, Arnaud de Lagrèze, Guillaume de Garrigue als de Podio, Pierre de Boyé, als de Pechméja, Jean de Raynes, Me Guillaume Castainh, prêtre, recteur de Lebrel, Barthélemy de Lacombe, Hugues de Murat, als Vaca, Raymond del Carla, als Rabié, Bernard del Garric, als Rabié, Jean de Lanie, Arnaud Dandrieu, Jean Drovinhac, Pierre de Vessia, Raymond de Cayrel, Galhard de Salevaque, Marot de Verdié, Antoine de Coste, Raymond de Miraval, Barthélemy de Borredon, Raymond Vassal, jeune, Jean Dagran, Jean de Ferrussac, Pierre de Murat, als Vaca, Raymond de Pleysse, Pierre Brugel, als Dupuy, Raymond Girart, Pierre del Carla, als Rabié, Jean de Lolmie, tisserand, Etienne Pagès, savetier, de *Montcuq* ; Guillaume de Corno, de *Roulhac*. Il fut rappelé ce qui avait été décidé la veille, à savoir qu'on payerait la somme de

300 écus d'or au sénéchal du Quercy, noble Pierre de Ramon, et moins, si cela était possible, pour obtenir confirmation de leurs coutumes ; et ce en présence de M⁰ Barthélemy Blandès, prêtre de Montcuq, et de nobles Jean de Luzech et Raymond de Cézérac, de Lauzerte.

La confirmation des coutumes fut accordée par lettres patentes du roi Louis XI, datées d'Abbeville, le 30 novembre 1463 (1). Donc les habitants de ¡Montcuq avaient obtenu satisfaction. Il ne leur restait plus maintenant qu'à payer à noble Pierre de Ramon la somme de 300 écus d'or souscrite en sa faveur par obligation du 25 octobre précédent. Mais la difficulté était de répartir équitablement cette somme entre les habitants de Montcuq et ceux de la juridiction. N'ayant pas été d'accord, comme en fait foi l'acte qui suit, ils décidèrent de nommer des arbitres et de s'en remettre à leur solution.

Donc le vendredi, 12 février 1463 (v. s.), il y eut assemblée générale dans la maison de Pierre de Lapeyrière. Etaient présents : noble Guillaume de Luzech, chevalier, seigneur baron de Luzech et des Tours, noble Bertrand de Saint-Géry, seigneur de Saint-Géry, noble Marqués de Saint-Gilles, seigneur de Genebrède, noble Pierre de Ferrières, seigneur de Bagat, Pierre de Lapeyrière, Guillaume de Vessia, als Grézels, Aymeric de Sabatier, Pierre Coyne, consuls ; Pierre de Carrière, als Volve, Jean Dautefage, als Dossa, Armand Dandrieu, Raymond Viguier, Guillaume Roguier, Bertrand Compastie, Bernard Salinié, Pierre Couderc, Barthélemy de Brocart, Raymond de Narcès, et Barthélemy de Lacombe, de *Montcuq ;* Pons de Las Bouygues, Bertrand de Causet, de *Saint-Pantaléon ;* Jean de la Croix, Antoine de Prat, de *Saint-Daunès ;* Armand del Cazals, als novi loci, de *Bagat ;* Etienne Raymond et Guillaume de Breuil, des *Cabanes St-Georges ;* Jean Marlhac et Jean Espinasse, d'*Aussac ;* Jean Filhol d'*Escayrac ;* Hugues Lacguié, de *St-Cyprien ;* Raymond de Blay et Jean de Coste, de *Lolmie ;* Raymond Aymeric et Géraud de Coste, als Volvènes, de *Tréjouls ;* Gasbert Simonet, de *Montlauzun ;* Raymond de Bouc, de *Bouloc ;* Armand del Castanhier, Jean de Coste et Jean del Boyssou, de *Lebrel ;* Etienne del Solié, als de Maus, de *Sainte-Croix ;* Guillaume de Lacombe, als de *Rollan, des Tours ;* Guillaume de Vayssière, de *Belmontel ;* Jean Serres, de *Saint-Matré ;* Jean Daymart, de *Sérinhac ;*

Jean de Lafaurie, de *Floressas*. Les consuls et habitants de Montcuq prétendaient que la somme de 300 écus d'or devait être répartie par feux « per belugam », indistinctement « le fort supportant le faible, et le riche supportant le pauvre », entre tous les habitants tant de la ville que de la juridiction. De leur côté, les forains affirmaient que, de toute ancienneté, ils avaient coutume de participer aux impositions » de trois parts les deux et non autrement, et ils entendaient qu'il en fût ainsi pour le présent ». Ils n'étaient donc point d'accord et il fallait cependant une solution prompte.

Ils décidèrent alors d'un arbitrage et nommèrent à cet effet, savoir, les consuls et les habitants de la ville de Montcuq, *Raymond de Narcès et Barthélemy de Lacombe*, et les forains, *Arnaud dels Cazals*, als de novi loci, de Bagat, et *Bertrand Causet*, de Saint-Pantaléon, pour la section « pro brachio », de Saint-Pantaléon ; *Jean Mailhac*, de Pech-peyroux, et *Jean Filhol*, d'Escayrac, pour la section des Cabanes de St-Georges ; *Hugues Lacquié*, de St-Cyprien, et *Gérard de Coste*, de Tréjouls, pour la section de St-Cyprien ; *Gasbert Simonel*, de Mont-lauzun, et *Etienne del Solié*, als de Maus, pour la section de Montlau-zun, de Bouloc, de Lebrel, de Sainte-Croix, de St-Félix et des Tours ; *Jean Daymart*, de Sérinhac, et *Jean de Lafaurie*, pour la section de Belmontet, Saint-Matré, Sérinhac, Floressas, Ferrières, Cabanac et Mauroux, Tozac et Lacapelle près Cabanac, Amra et Orgueil. Tous ces élus promirent par serment de solutionner au plus tôt le différend et de rendre leur sentence à laquelle souscrivirent d'avance les délégués pour eux et les absents. Et ce, en présence de Pierre Grégoire et Guillaume de Borredon, de Montcuq, Vital et Antoine Rouzières, de Saint-Félix et de Jean Natalis, notaire qui avait reçu l'acte (en latin).

La nuit, dit-on, porte conseil. C'est pourquoi le lendemain, samedi, 13 février, étant donné que « *ubi est multitudo ibi est confusio, et etiam quot capita tot sensus* », les arbitres élus la veille se réunirent de nouveau dans la même maison de Pierre Lapeyrière, c'est-à-dire : Noble Guillaume de Luzech, noble Bertrand de Saint-Géry, noble Marquès de Saint Gilles, noble Pierre de Ferrières, damoiseau, Pierre de Lapey-rière, Guilhaume de Vessia, Aymeric de Sabathier, Pierre Coyne, consuls, Raymond de Narcès, Barthélemy de Lacombe, Arnaud dels Cazals, Bertrand Causet, Jean Marlhac, Jean Filhol, Hugues Lacquié, Géraud de Coste, Gasbert Simonet, Etienne de Solier, Jean Daymart, et Jean de Lafaurie. Après s'être communiqué leurs impressions, ils reconnurent qu'ils étaient trop nombreux pour terminer vite et bien le débat qui existait entr'eux et leurs commettants, et résolurent de s'en remettre à la décision de quelques-uns. En conséquence, de leur plein gré, ils choisirent et nommèrent en leur lieu et place noble Guillaume de Luzech, consul l'an présent, noble Bertrand de Saint-Géry et noble Marquès de Saint-Gilles, promettant, à peine d'une amende de 100 liv. tournois, de s'en tenir à leur décision sur toutes les questions qui devraient être traitées. Présents : Harnot Rigal, des Tours, Jean Pagès, de la Brugaria, Jean Lacaze, de Montcuq. (Acte en latin).

Le même jour, en vertu de leur mandat, les arbitres élus, Guillaume de Luzech, Bertrand de Saint-Géry et Marquès de Saint-Gilles, se réunirent avec tous les délégués, et, s'étant assis sur un banc de bois, « *super quoddam scamnum fustis sedentibus, more majorum* », ils prêtèrent serment la main sur les saints évangiles, se signèrent du signe vénérable de la sainte croix et rédigèrent ainsi leur sentence :

1º Il est entendu que les parties, savoir les habitants de Montcuq, d'une part, et les forains de l'autre, seront bons amis, que tout débat cessera entre eux pour faire place à la concorde ;

2º Au sujet de la somme de 330 écus d'or (1), les forains devront en fournir 240, et les habitants de Montcuq, 90 ;

3º Les frais de procédure s'élèvent à la somme de 4 écus d'or, ils seront payés de moitié ;

4º En rendant leur sentence, les arbitres n'entendent point préjudicier en quoi que ce soit aux privilèges, coutumes, franchises et libertés droits et possessions de la ville et de la juridiction ;

5º Les arbitres s'engagent et sont prêts à s'interposer entre les parties, toutes les fois qu'il sera fait appel à leur concours pour le bien de la paix.

Cette sentence fut acceptée par tous les délégués présents faisant pour eux et leurs mandants et ils s'engagèrent à s'y conformer de point en point.

L'acte, également en latin, est reçu par Jean Natalis, notaire de Montcuq, en présence de Harnot Rigal, des Tours, Jean Pagès, de la Brugaria, et Jean Lacaze, de Montcuq.

B. TAILLEFER.

Cazillac, 8 mars 1911.

---

(1) Les 30 écus d'or en plus sont pour divers frais.

II

Donc, à la demande du sénéchal de Quercy, les coutumes de Montcuq avaient été confirmées par le roi, à Abbeville, 20 novembre 1463.

Il ne restait plus maintenant audit sénéchal qu'à rapporter, selon sa promesse et pour toucher le prix convenu, la copie duement authentiquée et scellée. Ce qu'il ne tarda pas sans doute à faire, au lieu même de Montcuq, et sur la principale place appelée « Lo canto de mal cosseilh », où préalablement avaient dû se rendre, sur convocation des consuls, « les manans et habitans de la ville et de la juridiction. » (1)

La charte n'est point datée, et il serait peut-être téméraire de trancher cette question. Cependant si nous considérons que la ville de Montcuq existait déjà au milieu du XIIe siècle, puisque nous trouvons à cette époque un troubadour loué par Raynouard, Bernard Arnaud de Montcuq, et que d'autre part mention en est faite dans la charte de Cayrac, en 1176, il est permis de conclure que l'assertion de Guillaume Lacoste a eu une certaine base.

Cet historien fixe à 1224 la charte des coutumes qui fut octroyée à la ville de Montcuq, par Raymond VII, le jeune. Nous allons plus loin. Prenant pour base le texte même des coutumes, nous répétons ici, ce que nous avons dit au sujet de Lauzerte : il n'est point fait mention, ici comme là, de ce qui a trait à l'administration municipale, élection du bayle et des consuls. Il est dit seulement que la coutume les veut au nombre de douze, et c'est tout. D'autre part, l'article premier porte que, dès la fondation de la ville, les habitans ont été exempts de toutes quêtes et mauvaises impositions. Mais cela suppose tout au moins, de la part du fondateur, l'octroi de certains articles en forme de coutumes ;

---

(1) Il y avait outre cette place commune dans l'intérieur de la vil'e la place de la « Conqua », près de la rue « Carreyra » publque et la place dite « lo patz de Pena », et à l'extérieur la place « del mercadiel » et la place de la Madeleine.

et nous sommes naturellement amenés à la même conclusion que nous formulions pour les coutumes de Lauzerte, c'est que la charte que nous publions en ce moment n'est elle-même qu'une confirmation, considérablement augmentée, si l'on veut, de celle qui fut accordée lors de la fondation de la ville, c'est-à-dire dans la seconde moitié du XIIe siècle.

Nous ajoutons, sur ce point, une dernière réflexion qui nous est suggérée par l'article 42. Il y est fait allusion à Lauzerte où il y a « assisatge », c'est-à-dire trois genres de juges, savoir le bayle et les consuls, le juge ordinaire et enfin le sénéchal. Or la charte de Lauzerte porte la date de février 1241. Il s'ensuivrait donc, si nous n'admettons pas pour lors le mot de « confirmation », que celle de Montcuq est postérieure à cette dernière date.

Nous disons plus haut que dans le travail publié par M. Dufour il y a des corrections à faire au point de vue orthographique, le copiste étant peu familiarisé avec la langue romane, et quelques lacunes a combler.

Le vidimus qui nous a servi à dresser le texte authentique des coutumes est un parchemin de 120✕20, en deux pièces, coté ainsi au verso : Vidimus des privilèges et coustumes de Montcuq ; puis plus bas, Moncuq à St-Hylaire, coustumes de Moncuq ; enfin sur un côté, coustumes de l'original en neuf pièces, pour Mlle Jeanne de Combarieu.

Nous trouvons en tête la déclaration de Pierre de Ramond, sénéchal de quercy, au sujet des lettres de confirmation du roi ; puis vient le texte même des coutumes, et à la fin l'acte de cancellation, fait à Abbeville et la formule d'authenticité ajoutée par le même sénéchal à la date du 14 mars 1460 (v. s.).

Nous avons également numéroté les différents articles, bien qu'ils ne le soient pas dans le texte, si ce n'est, en marge, l'article 32, objet sans doute du litige pour lequel la demoiselle de Combarieu fit dresser le vidimus.

Voici maintenant les additions, corrections ou variantes que nous avons annoncées au sujet des articles.

Art. 1er. — *Aven en facultat 40 s. torn. des dugs sos caorc.*, au lieu de : dies lhicuras torn. et d'un sol caorc. (à la fin).

Art. 6. — Qui dins un an ageo revellat al senhour ; autromen, si non o fazio, lou fios serio encorregut al senhour feuzal. Ce passage n'existe pas dans le vidimus. (à la fin).

Art. 7. — (Vers le milieu). Que non s'accorde, *el claman rel lo clam perpassal ;* ces mots sont en plus dans le vidimus.

Art. 8. — (A la fin) de maynada del senhour, *ny home que sio del senhour ;* ces mots manquent dans le vidimus.

Art. 14. — *Iradamen* au lieu de ito damen ; un peu plus bas · am pung o am ma, *se clam sen fa* ; ces mots sont en plus dans le vidimus.

Art. 21. — No deu per causa *civiel,* mot en plus dans le vidimus.

Art. 25. — *Talhar,* au lieu de tabar, et *moriozas,* au lieu de mormosas.

Art. 28. — (A la fin), en plus : *als habitans del loc ny de la honor.*

Art. 30. — Occupava o *forsava.* (Mot en plus, qui a sa raison d'être, car nous avons présenté au congrès de Toulouse en .899, un acte intéressant Sauveterre, de 1298, ou il était question en partie d'actes criminels commis sur les chemins publics).

Art. 36. — Guinier, n'est pas mentionnné dans les arbres indiqués au vidimus.

Art. 38. — *Coeg,* (qui veut dire tomber) et non pas crieg.

Art. 39. — No era jutgeat *e conogul,* en plus dans le vidimus.

Art. 43. — Pago al senhor la pena que los cossols *el bayle,* en plus dans le vidimus.

Art. 46. — O per prendre la causa *en si,* en plus dans le vidimus ; *que la menal,* au lieu de que la nommat; (à la fin) *que en aychi apelal o fach,* au lieu de que en aichy aura fach appellar.

Pour la traduction on voudra bien se rapporter au texte de M. Dufour auquel il sera facile d'ajouter ou de corriger, suivant les notes qui précèdent.

III

COUTUMES DE MONTCUQ

A touts ceulx quy ces présentes lettres verront et oiront Pierre de Ramond, chevaillier, seigneur de Folmont, maistre d'ostel, chambellan et conseiller du Roy, nostre sire, et son seneschal de Quercy et d'Agennois, commissaire en ceste partie par le Roy, nostre seigneur, commis et depputé, salut et dilection. Savoir faisons nous avoir veu, tenu, palpé et de mot à mot leu certaines lettres royaulx, esquelles sont incorporées certaines coustumes, usatges, privilèges, libertés et franchises à nos consuls, manans et habitans ès chastel et ville de Moncuc par feu le comte Ramon de Tholose données et octroyées, et aussi confourmés par le Roy Loys, qui à présent est, ainsi que en icelles est faicte mention, saines et entières en selz et scripture, non cancellées et non viciées et sains aucune suspection avoir en icelles, desquelles lettres la teneur s'ensuit.

Loys, par la grâce de Dieu roy de France, scavoir faisons à tous présens et avenir nous avoir receu humble supplication des manans et habitans ès chastel et ville de Moncuc contenant que par feu le comte Ramon de Thoulose leur feut donné et octroyé certaines coustumes, usages, libertés et franchises, lesquelles leur ont esté par ces successeurs confermées pour lesd. chastel et ville [de Moncuc de] les Valz et la houneur, desquels privilèges, usages, libertés et franchises dont ilz ont tousiours depuis joy et usé la teneur s'ensuit.

Aysso son las costumas, usatges, privilegis e libertatz et franquesas sa en reyres donadas e autreiadas per lo comte Ramon de Tholosa e per sos successors confermadas als habitans del castel de la vila de Moncuc de las Vals e de la honor, de que an uzat e son en possessio.

1. — Premieramen, tugh los habitans el dig loc de Moncuc e en tota la honor e contributio son an estat de la fundatio del loc en sa e devo esser e estar francs e quitis de totas questas e de totas malas enpositios e forsas e servituts, si per lor voluntat far non o volian, exceptat solamen host o cavalgada general, el cal cas an acostumat de donar al rey nostre senhor sucsidi per un an, so es assaber se tan dura vi (6) sols

par. ces plus per cascun foc, aven en facultat xL (40) s. tor. des dugs sos caors. e tot sos deudes pagat, exceptat dot de fenna.

2. — Item el dig loc son e an acostumat a estre per lo temps dessusd. xii (12) cossols, vi (6) de la part dels nobles e vi (6) del popular, losquals se creo al cap de l'an per aquels de l'an preceden, e juro al bayle en nom del Rey, nostre Senhor, e lodig bayle a lor fieutat que seran bos e lials lan a lautre en lors officis, e tar drey al paubre e al ric, e que no grevo may lo paubre quel ric ny lestranch quel privat.

3. — Item los digs cossols son per lo rey nostre senhor e an uzat e acostumat per lo temps dessus dig esser jutges essemps am lo bayle e totas las causas civials e criminals emergens el dig loc e en la honor en lasquals contestatio es necessaria, en aychi que lo bayle no pot recebre contestatio ny sagramen de calumpnia, ny receptio, ny examinatio de testimonis, ny donar interloqutoria, ny deffenitiva ces los cossols, ny los cossols ces los bayle, e si per ignorensa o en autra maniera se fazia seria nulh en aychi coma dig per jutge no competen, exeptat dicio de tutela e de cura e decret, e causa en laqual se remet lo sagramen duna part a lautra, quar aquo pot far lo bayle ces lor, e si no es causa menuda da part à part en laqual lo bayle pot procedir tro a sentencia.

4. — Item los digs cossols an e an acostumat ha aver per lo temps dessus dig lo regimen e governamen del dig loc e de la honor e la conoychenssa de deæs e de torts, e de malas fachas, e de vanelas, e de get e de forget, e de aguieras, e de privadas, e de aytals causas senblans a aquestas sols, e els tots ses serveia e a lor hobedir hom en aquestas causas, e lo bayle e sos sirvens la ordenansa que ylh fan sobre aysso manda e deu mandar a exequtio si nes per lor o per alcuna de las partidas a cui tota requeregut per salari razonable.

5. — Item los digs cossols apelat am lor dels prohomes de la vila e de la honor aquels que lor sera vist fazedor en pauza e en dizo e an acostumat a en dize e a en pauzar questas e talhas als habitans del loc e de la contribucio, e aquelas levar e recebre de lor e mectre els comunals usatges, e constrenge e compellir ho far compellir per lor sirven los negligen a pagar, e daysso son e an estat en pocessio per lo temps dessus dig.

6. — Item tota persona no nobla del loc et de la honor pot sas heretat et sas possessios en tot e en partida arrendar e donar a sobre fios, si carta no deffen, a ces e acapte per sa propria auctoritat a cui se

velha, si no es persona deffenduda de dretz ses requesta del senhor feusal de cui o te, loqual es tengut de lauzar aquel arrendamen per sos deners la la on ne sera requeregut; e si lo segon feusatier pren la possessio lo senhor del fios ne pert per aysso son dreg, ny el ne porta pena.

7. — Item tota persona habitan al dig loc et el honor a quatorzena de pagar son deude, so es assaber que si sacorda am lo claman dins xiv (14) jorns quel clam lhi sera dig, e que aura lo deude coffessat lo senhor no aura res, mas se passa los xiv (14) dias que nossacorde el claman, ret lo clam perpassat, lo senhor naura v (5) sols cc. per justicia, e si plag si endeve, que aia contestatio, aura ne may ii (2) sols vi (6) d. cc. per despessas, e per aquels deu tener cort à las partidas tro que lo plag sia deffenit, exceptat clam de renda que no a quatorzena ny selari de metge, ny davocat, ny de noyrissa, ny fag dalimens, ny ordilha, ny vaychela prestada, ny deude priviligiat, deude del senhor, ny scriptas no aponh de clamor, mas execucio; e aquo que es dig dessus de las despessas es entendut de tot plag dapart a part en que aia contestatio.

8. — Item se entre los habitans del loc o de la honor ho autre de foras la honor am aquels del loc o de la honor plag ho contrast sen devenia per neguna causa, aquel plag se deu demenar en la cort del bayle e dels cossols engalemen per lor deffenre; essi ylh na o sabian deffenre devo aver cosselh de sams homes al cost de las partidas, el vencut deura ho pagar tot à la fi de la causa; e si lo contrast ero entre lo senhor o son bayle, o sa maynada ab home del loc o de la honor, aquel se deu jutgar per los cossols e pronunciar en nom del bayle e de lor per lestimar, e en aquest fag no deu esser recenbut en testimoni neguna persona que sia de maynada o arrendador del senhor, ny del bayle.

9. — Item si per enjuria o per batemen de pe o de ma, ces escampamen de sanc, o per viel tenensa, o per terra, o per tort que aia lan a lautre se fa clamor per fag denjurias, aquela es de x (10) s. cc. quen deu aver lo senhor del vencut quant lo plag sera deffenit, facha premieramen emenda al claman si proa son entendemen; mas si lo clam es de amparamen de cami o dessazimen de terra o de vinha ho dautras heretat, lo clam es de lx (60) s. cc., el cas quel claman proa son entendemen, e si nol pot proar el es tengut en x (10) s. cc. per clamor al senhor e en las despessas à la partida.

10. — Item si home molherat era trobat per bayle ab fempna mari-

dada en adulteri, tugh sols nut e nuda en leg o en autre loc sospechos, lome sobre la fempna, baychadas las bragas o ces aquelas, si era nut o si non portaira, e la fempna nuda o sas vestimentas levadas tro a lenbonilh, e aysso se pot probar per II (2) ho per tres testimonis dignes de fe, que nossio arrendadors, ny de maynada del bayle, ny del senhor, e si ilh ambedos o coffesso si nplamen, aytals adultadors perdo tot lo moble ques encorregut al senhor, e may que deu corre la vila essemps tot nut, se no se volo acordar am lo bayle del cors; e si alcus concubina en la vila se dins un mes quen sera requeregut per los cossols no la pren per molher o no la layssa, ambedos devo esser gitat de la vila, quar aytal peccat nosse fa a sufri que cayria nom en la yra de dio e seria dopte que lo loc ne peris.

11. — Item, si alcus hom corrumpia o deflorava fempna vergis contra sa voluntat e ela sen rancura, el es tengut que la prenga per molher, si es de melhor conditio que el, o que lo maride segon sa facultat; mas si el es melhor home que ela fempna, deu la maridar segon la convenensa delhies; e si no la vol prendre, o no la pot maridar, que porte la pena que dreg vol, e tots sos bes seran de la fempna; e si alcus forsava fempna que no fos verges, o fasia son poder delhies conoycher carnalmen, e ela sen rancura, aquesta clamor, la fempna corrumpuda o no corrumpuda, si se pot probar sera de LX (60) s. cc., e la enjuria sera emendada a la fempna a la conoguda del bayle e dels cossols segon la conditio del fag e la qualitat de las personas; e si la causa proar no se pot, la fempna restitura las despessas al home a la conoguda que dessus.

12. — Item, si layronissis se fa de dias dins la vila o de foras de causas menudas, de V (5) sols cc. tro a XII (12) d. cc., lo layre, la hon proat sera oconecut, sera encorregut per X (10) s. cc. al senhor per justicia; e si se fa de nuegs en LX (60) s. cc.; e si de XII (12) den. cc. o doqui en jos se fa lo layronissi de dias, en V (5) s. cc., e si de nuegs, en X (10) s. cc., e si de V (5) s. en sus, de dias se fa lo layronissis en la vila o deforas, lo layre sera relegat del loc e de la honor ab layronissi al col, e tot sos bes seran confiscat al senhor, e si de nuegs se fa lo layronissi, lencorremen es de cors e de bes a la voluntat del senhor, restituit lo panotori e pagat sos deudes primiereramen a sa molher sina; mas en tot aysso podo lo bayle els cossols moderar segon lo temps et la qualitat del fag e de la persona.

13. — Item, si alcus fasia homecedi a gacha penat o ces causa raso-

nabla, e se pot proar per leyals testimonis o per sa coffessio, sera en-
corregut lo corps els bes a la voluntat del senhor, pagat sos deudes e
sa molher; mas si o fa son cors deffenden o en autre cas legut de dreg
e o pot proar sufficiemmen no es en re tengut.

14. — Item, si alcus feria autre de cotel o dautre estrumen ferrinh,
per loqual copl fos facha plaga o clamor sen fazia, aquela es de lx (60)
s. cc., facha emenda al claman; o si alcus tra cotel iradamen contra
autres ces toquar, si clam sen fa, aquel es de x (10) s. cc.; e dautre
escampamen de sanc fag am pung o am ma, si clam sen fa, es de x (10)
s. cc.; e si se fa ab fust o ab peyra, de lx (60) s. cc., fag dreg al claman
en tot aquest cas del damnatge e de lauta que auria pres la hon seria
prohat, mar se no podio proar el pagaria en cascu daquest cas x (10)
s. cc. per justezia e las despessas à la partida, e si clam no se fa, de re
de tot aysso lo bayle no sen a entremettre.

15. — Item, si alcus pren frucha o ortalessa dort o razins de vinha o
granha de blat vert o erba de prat, de dias, ses voluntat daquel de cuy
es, si clamor sen fa, aquela es de x (10) s. cc., e de nuegs es, de lx (60)
s. cc., emendada la malafacha a la conoguda dels cossols.

16. — Item, si lo dia del mercat, loqual es disabde, e dura tot lo jorn
e lendema tro las messas.son dichas, ol jorn de las fieras, alcus enporta
li leuda o la rete que no la pague, sera encorregut per x (10) s. cc.; mar
si la layssa a son hoste que la pague per lhuy o autra persona del loc,
e aquel no la paga al fermier lo jorn o lendema, lo mercadier sera
quitis, e aquel que lauria preza sera encorregut en la pecha o del peatge
quel rete e sen va que nol pague ny nol layssa sera encorregut per lx
(60) s. cc., mar si la laycha sera coma de la leuda.

17. — Item, si alcus te e doza de fals pes et de falsa mesura que no
sia senhada del senhal de la vila, o cana ab falsa auna, la pena sera de
lx (60) s. cc., la on ne sera convencut, e la mesura o pes o auna deu
esser ars en plassa comunal; mar si lo pes o la mesura es senhat del
senhat de la vila, pert la mesura el pes e no es tengut en res, mar aura
actio lo bayle per la pena contra aquel que laura senhada, si vios es; e
aysso entendut de totas mesuras de blat, o de vi, o de notz, o doly, o
de sal, e de tot pes e de totas aunas, e de tota persona que venda blat
o notz el mercat o en son hostal deu mesura am la mesura senhada del
senhal de la vila, e si ab autra o fa sera encorregut en la pena.

18. — Item qui fa far ho uza sciemmen de falsa carta o de falsas
prohansas deu esser releguat del loc e tot sos bes confiscat al senhor, e

aquela pena mecha deu portar aquel que ho fa per do o per malvolensa o per als.

19. — Item, tota persona, donque sia, pot aportar vi, o far aportar dautre loc don se volhia en la vila per vendre del jorn de sanct Miquel de vendemias tro a la festa ensegnen de sanct Marti ces licencia dels cossols, e daqui en la no, e si o fazia lo vi seria encorregut al senhor e pagaria may LX (60) s. cc. per justicia.

20. — Item, lo rey, nostre senhor, pren sobre cascu forn calfan dins la vila LX (60) s. cc. cascun an e una olada de braza de la primiera fornada ; el senhor del forn deu far calfar e tener lo forn condreg de tot cant lhies necessari, e deu cozer una carta de pa de hostal per un den. cc. e per tres tortels que valha cascus de lor II (2) d. cc. ; e lo par de las pestaressas al XIII (13e) pa, e pren XIII (13) d. cc. del primiera fornada, e de cascuna de las autras fornadas IX (9) d. cc. ; e tot lo demoran de largen es del rey. E si a la primiera fornada nossa troba los XIII (13) d. cc., deu los per far daquela aprés, e sies pa dalmoyna o de nossas paga lo doble ; el fornier deu venir a lostal daquel que aura a mandar per cozer e portar la pasta al forn, e tornar lo pa cueg a lostal ces autre cost.

21. — Item, tot home e tota fempna que venga vendre e comprar al mercat o a las fieras quesso a las festivitat de sanct Mart e de sanct Luc è VIII (8) jorns davan e autres VIII (8) apres, cascuna es franxs, que pot venir sals e segurs que lo bayle ny sos servens nol deu per causa civiel prendre ny arrestar, ny prendre sas mercadarias ny sas dentradas, ny home que venga per la garda de la vila, e si o fazia, e aquel que seria arrestat cen anava non seria tengut, ny encorregut en neguna pena.

22. — Item tots los habitans del loc e de las perroquias d'Escayrac e de Sanct-Privat, e de Sanct-Genies, e tot home que aia hostal en la vila, e contrebuisca a las comunals enpocessios de la vila, so quitis e franxs de peatge compran ho venden el mercat o en las fieras, o dins la honor, ny dono re de passada ny dintrada ; e los autres habitans en la honor de la Seona en sa dono meg peatge, venden o compran el mercat o en las fieras, o dins la honor, mar de tracha no re, ny per sepmana ; e aquels autres de la honor que estan de la Seona en la, compran e venden al mercat o en las fieras devo peatge entier, mar de tracha o per semana no re. Empero tug estranhs e privat devo

leuda el mercat. si hi porto blat en sac per vendre mega carta o daqui en sus, mar de mega carta en jas no re, ny de blat, ny de nogalhos.

23. — Item, si malefecis se fa rescostamen de nuegs o de dias en la vila o en la honor, so es assaber que alcus aussizes buo o autra bestia grossa, o arces fenier o garbier o hostal, e no se podio proar per cuy seria fag, aquel malefecis se deu emendar en aquel que aura pres lo damnatge per la vila, si ces fag dins la vila, e si se fa deforas per la perroquia on seria fag, a la conoguda dels cossols.

24.—Item, tota persona habitan en la vila e en la honor pot far taverna de son vi e metre a for comunal, mar quel mesure am la mesura senhada del senhal de la vila, e que poys que sera atavernat no cresca lo for, mermar lo pot be ces pena, ny no venda vi azatgat per pur, ny ly mescle aygua, quar si o fa, en cascu daquest cas sera encorregut per xx (20) s. cc., de la mesura no pagua re, si es senhada, mar que la perdra; si senhada no es, paguara lx (60) s. cc.

25. — Item los mazeliers so franxs que no devo re per lor artiffici al senhor ny neguna servitut; mar no devo talhar, ny vendre dins los mazels comunals carns miharguozas, ny moriozas, ny troia, ny cabra, ny ouelha, ny autras carns sino ero vezinans, e si o fasian, serian encorregut per lx (60) s. cc. al senhor per justicia, e dun an ne talhara els mazels, car aytals cars se devo vendre foras dels mazels a part en loc que aparesca be evidemmen que avols cars so.

26. — Item, si alcus metia foc o ardia de dias o de nuegs en la vila o deforas hostal o mayo dautra persona o la sua maicha per donar damnatge als vezis, el damnatge, sen ensegnia, aquel seria ensegut de cors e de bes a la voluntat del senhor, la on proat e convencut ne seria; e si lo met en son camp, o en son prat, o en sa vinha sciemen per ardre aquo de sos vezis, o per damnatge donar, e no lescan cant es pres de las fis daquo, el podia escantir si se volgues, el es tengut a emendar lo damnatge que donat aura aquel foc, sin dona a conoguda dels cossols e del bayle, e sera encorregut en lx (60) s. cc. al senhor, si es fag foras vila, mar si en la vila o de costa la vila lo mec, sera encorregut coma dessus; mar si el no la mes a mala ffe, o fa son poder de lescantir, si pogues, dins aquo seu, no es en re tengut, sino emendar lo damnatge que auria donat, a la conoguda dels cossols.

27. — Item, tota persona no nobla de la vila e de la honor, si a de que, pot de persona nobla comprar e conquere ces e rendas e autres deners e afranquir sas pocessios e sas heretat, e metre en franc aloy e

en ayssi franc aver, e tener, e possedir appertuitat en franc aloy, e far totas sas voluntat, ces metre foras dessama a ces far e ces donar finansa, ny alcuna servitut, mar que no sia cap de fios que fos tengut en homenatge del rey, nostre senhor, ny no sia de meri e de mexts enperi ab juridictio dauta e bassa, quar en aquilh dos cas seria tengut de mectre foras de sa ma o de far finansa.

28. — Item, los cossols essemps am lo bayle, e lo bayle essemps am lor, e a lor requesta e no outramen, far e an acostumat de far estatutz, e establimens, e ordenanssas per lo profeg, o de voluntat del comu, o de la maior el melhor partida, totas vegadas que lor es vist fazedor a temps o a perpetuitat, losquals obteno vigor de ley en jutgamen e de foras, e, si obs ez, los podo revocar, corregir e declarar als habitans del loc, ny de la honor.

29. — Item, la vila de Moncuc ab tota sa honor per privilegi es de la taula del rey, nostre senhor, e de son propri domayne, e no la deu mectre foras de sa ma, ny en autra persona transpostar per donatio, ny en autra maniera en tot ny en partida ; e si o fazia, non auria valor.

30. — Item, si alcus occupava o sappropriava aissi o forsava estrada publica per sa auctoritat, seria encorregut al senhor en LX (60) s. cc. ; e si la estrecia de bolas en jus que no la occupe, ny la trenque, del tot en X (10) s. cc., cant ne sera convencut ; e si es feudier privat e loccupa, del tot en XX (20) s. cc., e si lo estreccia, en X (10) s. cc.

31. — Item, si alcus fraudulozamen, per appropriar aissi la terra de son vezi, tra o derraygua la bola de fa devizio entre lor dos, en ort, o en vinha, o en terra, sera encorregut, se de dias o fa, en XX (20) s., e si o fa de nueg, en LX (60) s. cc., la on proat sera.

32. — Item, neguna persona, habitan en la vila o en la honor, no deu esser tragh, ny citat, ny apelat al dreg foras del dig loc, e si o era no es tengut danar, ny de obedir per negun contrahemen, ny per negun excès, e aysso per privilegi, exeptat lo loc de Lauserta per assisatge, e si en autra maniera expressamen no y era obliguat, de laqual obligansia apparegues al bayle e als cossols que remetedor era ; e quar aqui a tres jutge davan losquals devo estar a dreg a tot rancuran, so es assaber : lo bayle am los cossols, el jutge ordinari, el senescale, losquals an e executho aqui pel nom del rey, nostre senhor tota juridictio auta e bassa, en meri e mexts emperi.

33. — Item, los bayles, ny sos sirvens, ny autres justiciers, ny execu- cutos, no devo per negu deude prendre, ny penhora bestias arans, ny

rauba dome, ny draps de legh, sino ero dobles, ny vestimentis de fempna, ny esplegs am que hom ganha son pa, e si o fazia, e hom lo tolhies, non seria en re tengut.

34. — Item, los deguatiers que compro los dexs, no devo far compositio ny acordier am deguna persona que ave quitia de dexs talan sos vezis per si, e am son bestial, e si o fa deu pagar per cascu daquels abque aura fag lacordier lo doble de la cort al senhor per justicia, la on ne sera convencut; e aquel que seria acordat atretan, e deu prendre de bestia grossa, si la troba en mala facha vi (6) d. cc. de dexs, e de bestia menuda ii (2) d. cc., del senhor de cuy es, e deu emenda la mala facha a conoguda dels cossols.

35. — Item, si alcus depopulava camps, vinhas o blat davan maturitat, e se pot claramen proar per testimonis dignes de fe, si se fa de dias, deura lx (60) s. cc. per justicia, e de nuegs es encorregut de cors e en bes a la voluntat del senhor.

36. — Item, si alcus talha albres domerges, pomier, noguier, perier, vit dalbre e de trilha, empeut, prunier, figuier, frayse, albas, ces voluntat daquel de cuy es, si o fa de dias, pague xx (20) s. cc. al senhor per justicia, la on proat sera ; e si o fa de nuegs, que sera encorregut per lx (60) s. cc. al senhor, facha emenda an aquel quel damnatge aura prés a la conoguda del bayle e dels cossols.

37. — Item, si alcus dels habitans del loc ho de la honor avoca o dona captenh o cosselh contra la universitat, sera encorregut en xxv (25) lhrâs al senhor, la on nessia convencut, e aysso per ordenanssa de cort e per compositio facha entre nobles e populars.

38. — Item, si alcus dels gentiels homes e dels borges e mercadiers de la vila o de la honor se rancura dalcun son feuzatier per so quar per aventura aura estat tres ans o plus que nolhaura pagada sa renda e dit que per aquest trazamen lo fios lhes coeg en comes o encorregut, si lo senhor es en colpa que no aia demandada sa renda cascun an al jorn que lhes deguda sufficienmen, lo fios per aysso no ca en cornes, mar si apar leyalment quel feusatier requeregut sufficiemen a recusat a pagar per los iii (3) ans continuat un pres autre adoncas, lo fios ne en comes al senhor, mar enpero el no lo deu pas prendre per sa auctoritat, ans deu far opelar al dreg lo feuzatier davant qual se volha daquels que executho juridictio ordenaria el dig loc, e aqui far sa demanda el feuzatier quelh responda a tot lo negoci a ple examinat e auzidas las razos de cada part que aquel ne fassa dreg ; e si lo

feuzatier no vol venir al dreg que lhui apelat per ɪv (4) vegadas, e mes en de fauta o facha sa summaria de las causas expressadas en la demanda, quel senhor del fios sera mes en possessio del phios pel primier decret.

39. — Item, lo senhor, ny sos bayles, ny autre per lor no deu prendre el dig loc o en la honor als habitans del loc ny de la honor, las causas, ny las pocessios, ny re tolre, si primieramen no era jutgat e conogut per los cossols, ny de impausar, ny mectre sobre lor nulha servitut, ny mala costuma ; mar si alcus es acusat de crim qui requeria encorremen de cors e de bes, que pot mectre los bes en eventari, essemps e apelat am si los cossols e que demoro jots sa ma tro sia conogut e jutgat lo crim.

40. — Item, negus del loc ny de la honor no deu esser mes en preyo clausa per deude privat, quant que sia obliguat arest de persona, ny per negun crim o exces, si dona firmansas sufficiens destar a dreg e de pagar causa jutgada, o de satisfar a so crezedor, sil deude era fiscal o privilegiat, exceptat crim de murtre, o de adulteri, o de gros layronissi, de que aparegues als cossols per enformacio sufficien que tenedor era, exceptat crim de leza magestat, e si lo bayle recusa a prendre las fermansas que sio presens, e se volha obligar e car prendre no vol la obliguanssa, els prendo la persona per cuy se volo obligar, e lhalh tolo o el se rescors del bayle o de sos sirvens, non seran en retengut ny el, ny las fermanssas, mar totas vegadas non contrastan a quo covendra que estie a dreg daquo de que es ensegut e que lo bayle lhi basta cort davan los cossols o davant si.

41. — Item, si alcus dels habitans del loc o de la honor es pres es castel per crim o per conoyssensa dels cossols, el deu per intrada al geolier x (5) s. cc., e si es pres per deude o per causa civial, que no sia crim, de xɪɪ (12) d. cc. e si es près per clamor, o per dexs, o per deude del senhor o per castelanatge no deu re dintrada.

42. — Item lo senhor, ny sos bayles no deu degu dels habitans del loc ny de la honor mectre en causa, ny en enquesta per negu exces, ny per crim, si clam no y avia, que fes directa partida que sobligues a despessas, exceptat crim de leza magestat, e homecidi, e adulteri, e layronissi gros e manifest, e plaga en que aparegues perilh de mort, car en aquest cas pot anar avan per offici si apar, als cossols per enformacio sufficien que cargue lo criminos, o si conoysso que detenedor es e emetedor en aquesta, ho si y a denunciador, e el cas que

seria mes en causa, lo bayle lhi deu donar cosselh e copia de denunciamen, si ni a, e de perventio e jornada sufficien per respondre e relaxar de sos bes de que segria la causa, sal que en omecidi e els autres iii (3) cas dessus exceptat, deu respondre ces avocat e ces copia, mar que hom lho legia davan en sa propria persona e ces dilatio.

43. — Item tot home habitan del loc e de la honor, si troba dins la vila son mal fachor, o dins la honor, pot lo prendre, sil cas o requer e el es estranhs, e retener o menar, oredre al bayle que lhuy fassa dreg, e quel mal fachor done fermanssas destar a dreg, si pot, el bayle que lor fassa razo ; o si aquel que seria pres no avia tort deura lhi emendar lo damnatge que lhaura donat o fag donar aquel que laura pres a conoguda del bayle e dels cossols ; e si lo pres es convencut daquo per que era pres pagara al senhor la pena que los cossols el bayle conoy-cheran segon la calitat del fag e la condicio de sa persona.

44.—Item, si alcun revenendeyre compra dins la vila causa mengadoyra; e a alcus dels habitans del loc vol aquela cauza per sos obs, poyra la aver per aquel meteys for quel rafatier li auria promes o donat davans que la causa sia portada dins la mayo del rafatier, mar pueyh no, e que pague tantost aqui meih ; e si sobre ve quand si fa lo mercat de la causa aquela, e y demanda part, que o pot far, e partira si la causa en tantas partz coma sera aquilh que y auran demandada part am lo primier comprador quen aura aitant coma un dels autres, si la causa es tal que si posca devezir, e si devezir no se pot, remandra al primier comprador.

45. — Item, si alcus dels habitans del loc e de la honor despueys que seria nuegs e foc cubert, e el e sa maynada colgat, trobava home dins son hostal, deu lo prendre, si pot bonamen, vio, e menar al senhor quen fassa far drechura pel bayle e per los cossols ; e si aquel se deffen, e se met en rebelhio, e hom en la pressa laussi, aquel que lausseira sus la preza fazen rebelhio no sera tengut en re al senhor, mar que aparesca que en aichi sia vertat per prohanssas sufficiens.

46. — Item, si alcus se clama dalcus dels habitans del loc o de la honor, elh fa demanda de bestia o de terra o dautras pocessios, e aquel a guirent daquela causa que hom lhi demanda e lo nompna e requer que sia apelat per lhui garentizar o per prendre la cauza en si, lo bayle lhi deu donar jornada sufficien daver son guirent, o letras citatorias, o sirvens sin vol, ny lhuy fan obs ; e si al jorn quelh aura donat no a logiment, o non a facha tal diligensa que aparesca que no

esta per el que fassa respondre e anar avan en la causa aychi cum si
no hi avia gairent nompnat, mar si el fach citar loguirent e compar
am lhuy e vol en si prendre la causa, o se met en sa deffensa e dona
sufficiens cautios destar a dreg e de pagar causa jutgada a conoguda
del bayle e dels cossols que ane avant lo claman am loguirent en la
causa en aichi coma feyra am lo principal, sino agues nompnat guirent
o lo guirent no agues pres lo fag en si, mar si lo guiren sufficiemen
apelat no vol venir, e no esta per aquel que la menat que hom lapele
am una peremptoria per totas à certana jornada ; e si no compar, e
aquel que laura nompnat, si es causa criminal, aquela de que es ensegut
pot sufficiemen informar la cort et far prompta fe contra aquel que a
nompnat per guiren de las causas que hom lhy demanda que delhuy o
a agut, ses comectre frau, sera quitis del crim e civialmen fara o
estara a dreg a la partida aychi cum si lo guiren no agues o nos fos
nompnat, sera lhi salvat dreg contra aquel guiren que aura en aychi
apelat o fag apelar.

Et nous ont iceulx supplians humblement fait requérir que nostre
plaisir soit lesd. priviléges, coustumes, usatges, libertés et franchises
avoir agréables, et les confirmer, ratifier et approuver, et sur leur
impartir nostre grâce. Pour quoy nous, les choses dessusd. considérées,
inclinans favorablement à la requeste des d. supplians, les d. priviléges,
coustumes, usatges, libertés et franchises dessus scripz, et tout le
contenu en iceulx avons louez, ratiffiez, approuvez et confirmez,
louons, ratiffions, confirmons et approuvons de grâce spécial, plaine
puissance et auctorité royaul par ces présentes, en tout qu'ils en ont
deuement et justement joy et usé. Si donnons en mandement par ces
mesmes présentes au seneschal de Quercy, ou à son lieutenant, à toutz
nous autres justiciers et officiers ou a leurs lieutenans et à chacun
d'eulx, si comme à lui appartiendra, que de nostre présente grâce,
confirmation et octroy, facent, souffrent et layssent les d. supplians et
leurs successeurs joir et user paisiblement, sans leur faire mectre ou
donner et seuffrir estre mis ou donné aulcun empeschement à contrare
lequel se fait mis on donné estoit, voulons estre mis à plaine délivrance
et au premier estat el deu, car ainsi nous plaist-il et voulons estre
fait. Et afin que ce soit chose ferme et estable à tousjours nous avons
fait mectre nostre scel à cesd. présentes, sauf en aultres choses nostre
droit et lautruy en toutes. Donné à Abbeville le darnier jour de
novembre l'an de grâce mil cccc soixante et trois,et de nostre règne le

tiers. Ainsi signées. Collation fete par le roy les sires (?) Du Lau de Lasages, le seneschal de Quercy, maistre Estienne chevalier, Guillaume de Varie et autres présens, Rollant ; et en tesmoing de laquelle vision, inspection et lecture, nous, seneschal dessusd. à ces présentes avons mis et apposé le propre scel de nos armes, en l'absence du scel auctentique de nostre d. seneschaucé de Quercy, et fait écrire et signer par nostre notaire et secrétaire de soubz escript le xiv⁰ (14ᵉ) du mois de mars l'an mil quatre cens soixante et trois. — Par le mandement de mon d. seigʳ le seneschal et commissaire dessusd. Dumas, notaire royal et secrétaire dessusd.

I

La publication des coutumes de Montcuq a déterminé de façon claire les droits et les charges des consuls de cette ville. On a pu voir qu'au nombre de douze, choisis par moitié dans les « partis noble et populaire », ils devaient administrer et gouverner le lieu de Montcuq et la juridiction, imposer les tailles avec le conseil de prud'hmmes, régler par de sages ordonnances le bon fonctionnement de l'administration et pourvoir au bien public. Ces principes posés, il semble que tout devait marcher dans l'intérêt général. Toutefois il n'en fut point ainsi, et bientôt les réclamations des forains, se croyant lésés dans leurs droits, amenèrent un long procès qui fut heureusement terminé par l'intermédiaire « d'amiables compositeurs ». Ce n'est point là un cas isolé, car nous avons noté et signalé déjà un fait analogue entre les consuls de Septfons et les habitants des paroisses de Saint-Martin de Caussanilhes et de Saint-Georges de Salvanhac, 8 mai 1470, et plus tard, 7 janvier 1790, un différend du même genre entre les habitants de Rouilhac et les consuls de Montcuq. Et chaque fois, il est bon de le faire observer, les réclamations des forains étaient au moins partiellement fondées et ont abouti à une solution satisfaisante. Dans le cas qui nous occupe pour le moment et que nous allons analyser, avant d'en reproduire le texte, il n'en alla pas autrement. Les consuls durent rabattre de leurs prétentions, tandis que les réclamants eurent à peu près gain de cause sur toutes les questions.

Le parchemin, qui nous a permis de dresser ce travail, servait de garde à un registre de Blandès, notaire de Montcuq, pour l'année 1478, côté n° 37. Il est composé de deux peaux cousues ensemble, 130 X 67. Il a 164 lignes et le texte est en latin. Il présente quelques déchirures ou autres lacunes que nous avons soigneusement notées. M. Clédart, ancien notaire à Lauzerte, nous l'avait donné. Nous en faisons aujourd'hui hommage à la *Société des Etudes du Lot*, qui le conservera dans ses archives.

Donc il y avait procès, en 1336, entre les consuls de Montcuq, savoir : nobles Bernard de Narcès, chevalier, Giscard de Giscard, Raymond Bernard de Lolmie, damoiseaux, Arnaud de Cambon, Jean Flamenc, Mᵉ Pierre de Candelier et Raymond Cherry, faisant tant pour eux que pour leurs collègues absents, et leurs syndics Pierre Ebrart et Bernard Meliorat, d'une part, et les habitants de la juridiction représentés par nobles Guilhem de Lolmie, Guilhem Bernard de Lolmie, Arnaud de Bosc, Bertrand de Lezergues, damoiseaux, Gasbert de Lobéjac, Raymond de Lolmie, Armand Deïthil, Jean Dadin, Etienne Dellatar, Guilhem de Lacaze, Raymond Gasc, Hugues de la Sudrie, Bernard du Roc, Galbard de Ulmo, Raymond de Vigarie, Guilhem Gasc, Armand de Ruppe, Bernard Lauret, Raymond Rey, Bernard de la Clote, Arnaud Portas, Gasbert de Lacroze, Pierre de Sales, Guilhem Escholier, Arnaud de Ruppe et Guilhem de la Sudrie, d'autre part.

Pour éviter de longs débats et surtout les frais inévitables, les parties convinrent d'un accord à l'amiable, sous la présidence de Raymond Pacot, bayle royal, par l'intermédiaire d'arbitres choisis des deux côtés et avec l'assistance de Jean de Grèzes et Géraud de Cumba, notaires. Les arbitres principaux nommés furent nobles Jean de Bagat, Bernard d'Orgueil, chevaliers, Bernard de Giscard, Guilhem de Saint-Geniès, Bernard de Narcès et Gasbert de Canophio, damoiseaux.

Voici maintenant les points contestés avec les différentes solutions données par les arbitres.

1. — Les forains, se basant sur l'article 1ᵉʳ des coutumes, se prétendaient francs et quittes de toute faction et réfection de ponts, fontaines et chemins existant ou à exécuter en ville ou dehors. Les consuls soutenaient que, en vertu de l'article 4, des mêmes coutumes, tous les habitants, sans distinction étaient tenus d'y contribuer et qu'eux seuls en avaient l'administration. Il fut décidé que dorénavant les forains

seraient exempts de tout travail à faire aux ponts, fontaines, chemins
et rues, en ville et au dehors, entre la ville et les ponts et rives de la
Bargalonne et de Nèguevieille, mais resteraient astreints à la réfection
des petits fossés et murs de la ville, à l'occasion.

2. — Les forains se disaient également exempts de toute contribu-
tion à la Charité de Pentecôte, établie dans la ville de Montcuq. Les
consuls soutenant le contraire, on convint qu'à l'avenir cette immunité
leur serait conservée, à la réserve toutefois des legs pieux faits dans le
passé ou à faire dans l'avenir par les forains en faveur de cette même
Charité de Pentecôte.

3. — Les forains réclamaient que, sous aucun prétexte, les consuls
ne pussent imposer taille ou collecte dépassant la somme de 100 liv.
tourn. et une fois l'an seulement. De leur côté, les consuls répliquaient
qu'ils avaient le droit, de par les coutumes anciennes d'imposer aux
habitants de la ville et de la juridiction telle taille ou collecte qu'ils
jugeaient à propos et suivant les nécessités, pour le bien de la commu-
nauté et les affaires du consulat. Il fut accordé que dorénavant les
tailles ou collectes imposées par les consuls annuellement ne devront
pas dépasser la somme de 100 l. t., à moins qu'il ne s'agisse d'un sub-
side réclamé pour l'armée par le roi ou d'une affaire exceptionnelle
concernant la communauté. Dans ce dernier cas, cette augmentation
de taille ne devra se faire qu'avec l'assistance de prud'hommes de la
ville et du dehors, et non autrement.

4. — Les forains demandaient que l'allivrement des tailles et collec-
tes se fît selon le règlement observé à Lauzerte ou à Montauban. A
cela les consuls répondaient qu'ils avaient une façon acquise de procé-
der et qu'ils avaient le droit d'en user. Il fut entendu qu'à l'avenir
l'allivrement se feraient au sol et à la livre, *pro solido et libra*, suivant
le règlement adopté à Lauzerte ou à Montauban, au cas où ce mode
serait adopté par les consuls et plusieurs prud'hommes de la ville et
de la juridiction, chacune des paroisses ayant ses représentants.

5. — Les forains demandaient qu'au sujet de l'allivrement des tailles
ou collectes et du compte-rendu fiscal, les forains, ou tout au moins la
majeure partie d'entre eux, fut convoquée. Les consuls, ayant joui
jusque-là du droit de régler seuls ces sortes d'affaires avec le concours
de huit délégués, n'admettaient point cette réclamation. Il fut décidé
qu'à l'avenir les consuls seraient tenus de convoquer deux notables de
chacune des paroisses de la juridiction avec le concours desquels ils

traiteraient des tailles et impositions et à qui ils rendraient compte de leur administration.

6. — Les forains voulaient que lors de l'imposition des tailles, quêtes et collectes, que'le qu'en fut l'occasion, la part contributive de chacun des habitants fut fixée par deux prud'hommes de chaque paroisse, en présence des notables, sans possibilité de « surtaille », et que la levée en fut faite aux frais communs des habitants du château et de la juridiction. Les consuls répondaient que les tailles imposées aux forains devaient être levées à leurs frais et dépens. Il fut décidé que, pour les tailles à imposer à l'avenir, la part ou portion affectée à chacun serait fixée par deux prud'hommes de chaque paroisse, en présence d'autres délégués appelés également de chaque paroisse, sans surtaxe aucune ; et si les habitants étaient vexés sur ce point, le sergent des consuls aura la charge de faire faire la levée aux frais communs du consulat et de la communauté.

7. — Les forains prétendaient être en droit, eux et leurs syndics, de jouir des libertés et franchises du château de Montcuq, ce que d'ailleurs les consuls ne leur refusaient point.

8. — Les forains voulaient qu'annuellement, à la nomination des consuls, on choisit un homme probe et digne de foi, de Montcuq, pour, au nom des consuls et de toute la communauté, recevoir les tailles, collectes et autres revenus du consulat et en rendre un compte détaillé aux consuls, en présence de 15 ou 20 notables des paroisses de la juridiction. Les consuls répondaient que de toute ancienneté ils jouissaient pacifiquement du droit de lever les tailles et d'en rendre compte sans l'assistance des forains. Bref, ils pouvaient « cuisiner en famille » toutes les affaires de la communauté, sans que personne put y trouver à redire. Il n'y avait point de contrôle, ou si peu, que par exemple, le 13 septembre 1614, les forains de la juridiction de Lauzerte, se plaignirent dans un acte de protestations où ils disaient « que tous les ans, le jour de la Pentecôte, leurs syndics étaient invités à un grand banquet, où on leur faisait consentir telle imposition qu'il semblait bon aux consuls (1). Il fut convenu que tous les ans, à l'avenir, lors de la nomination des consuls, on chosirait un homme sage pour recevoir les revenus et émoluments du consulat et en rendre un compte

---

(1) Histoire de Lauzerte par l'abbé Taillefer, p. 183.

fidèle, avec l'assistance, facultative pour **eux**, de 15 ou 20 notables du lieu de Montcuq et de la juridiction.

9. — Au commencement de l'an 1333, Philippe de Valois établit sur le pays une imposition pour le mariage de Marie, sa fille, qui épousa Jean de Brabant, duc de Limbourg, et pour la chevalerie de Jean, duc de Normandie, son fils. Mais les commissaires qu'il envoya pour lever cet impôt ne trouvèrent pas les peuples disposés à le payer. Ceux-ci prétendirent que cet impôt était contraire au droit et à la coutume, et que St-Louis et ses prédécesseurs n'avaient jamais rien exigé lorsqu'ils avaient voulu armer leurs fils chevaliers ou marier leurs filles. Ils insistèrent tellement sur leur refus, que le roi fit surseoir à la levée et restitua même les sommes qui avaient été versées. (1) Ce préambule était nécessaire pour l'intelligence de l'article qui suit. Les forains réclamaient aux consuls la part ou portion du subside à eux compétent, qu'ils avaient récemment payé au seigneur roi de France ou a son trésorier de Périgord et de Quercy, pour la chevalerie de son fils Jean, duc de Normandie, lequel subside le roi avait fait remettre par lettres patentes aux consuls de l'époque. A cela les consuls répondaient que si, en fait, la remise du subside avait été faite, c'était par manière de dette et obligation et non en argent ; qu'ils étaient d'ailleurs prêts à leur délivrer ces dettes et obligations jusqu'à concurrence des sommes versées par eux, et qu'ils rendraient un compte fidèle de tout ce qu'ils avaient reçu au sujet [de ce subside, dont le montant avait dû être employé aux affaires de la communauté. Il fut arrêté que les consuls mettraient tous leurs soins à récupérer du susdit subside tout ce qu'il était possible d'avoir, qu'ils l'emploieraient aux affaires du consulat et de la communauté, suivant les besoins, et en seraient quittes et libérés a jamais.

10. — Au sujet du procès intenté par les forains aux consuls, entre les mains de Guilhem de Bressinholis et Guilhem Brac devant l'official de Cahors et où se trouvaient engagés Guilhem de Saint-Geniès, chevalier et Audoin-Jean Ebrard, les forains demandaient que s'il intervenait une sentence de la Cour royale de Toulouse portant amende ou demande de provisions, ils fussent tenus quittes et exempts de tout payement. La réponse des consuls est trop incomplète pour

---

(2) Histoire de la Province du Quercy, par G. Lacoste, t. III, p. 68.

pouvoir être formulée ; mais voici la conclusion : il fut décidé qu'on prendrait conseil de Bernard Gervais, Bernard Benoit, juris consultes, et Pons Molinier, docteur ès lois, et, si une condamnation suivait chacun y contribuerait pour sa part.

11. — Il fut de plus arrêté que les consuls de Montcuq, tant modernes qu'antérieurs, *a triginta annis*, sont quittes, libres et exempts de tout compte à rendre au sujet de leur administration, à la réserve pourtant que les consuls actuels s'en tiendront à ce qui a été décidé à l'article 8.

12. — Les forains disaient que la dette contractée à l'égard de Raymond de Laboissière et Pierre de Siccoserrio devait être payée par les consuls de leurs biens propres et par ceux qui signèrent l'obligation. Les consuls répliquaient que la dette ayant été contractée en faveur de la communauté toute entière, elle devait être payée par tous sans distinction. Il fut arrêté que les choses resteraient dans le statu quo et que les consuls ne seraient nullement troublés au sujet des aliénations faites en faveur des créanciers et que pouvoir leur était donné de se libérer au moment opportun, mais aux dépens du consulat et de la communauté.

13. — Les forains réclamaient qu'un seul consul, à l'exclusion des autres, négociat les affaires du consulat *tantum minoribus expensis*. Les consuls répondaient que l'administration, *abantiquo*, dépendait d'eux seuls *ad libitum*. Il fut arrêté que parmi les consuls, un noble et l'autre non noble traiteraient les affaires du consulat aux frais communs de la ville et de la juridiction et rendraient leurs comptes, sans que les dépenses, dans les limites de la sénéchaussée de Périgord et de Quercy, puissent dépasser 5 s., petits tourn. pour cheval et hôtel, à la réserve des frais des avocats et notaires (scripturis) ; s'ils avaient à aller plus loin, ces dépenses seraient fixées de concert entre les consuls et les prud'hommes du lieu et de la juridiction.

14. — Les forains exigeaient qu'un compte-rendu fut fait par les consuls modernes ou anciens, ou par Mᵉ Jean de Narcès, Pierre de Candelier et Jean Calmète, autrefois consuls désignés pour lever la taille ou collecte imposée à tous les habitants de la ville et de la juridiction à raison de la finance faite entre les consuls d'alors et puissant homme Mᵉ Guillaume de Sentenac, chanoine, commissaire député par le roi, pour le payement des droits d'acquisition de fiefs nobles par des non nobles et la réception des quêtes des églises. Les consuls répli-

quaient que les forains n'avaient rien à voir dans la susdite rddition de compte ; qu'un acte notarié sur ce point existait et qu'il fallait s'y rapporter, sans qu'il fut besoin de revenir en arrière. L'avis des consuls prévalut, et leurs prédécesseurs déclarés quittes.

15. — Les forains demandaient que les consuls ne puissent point leur intenter procès ou litige, au nom du consulat, sans avoir pris conseil d'hommes nobles du château et de la juridiction. Les consuls répondaient qu'ils jouissaient en paix de tout temps du droit d'entreprendre des procès, au nom du consulat, contre quiconque, d'eux-mêmes et seulement avec la présence et non le conseil et la volonté des prud'hommes de la ville et de la juridiction. Il fut décidé qu'à l'avenir les consuls, tous ou un seul, ne pourraient entreprendre aucun procès, ni faire affaire ou dénonciation, au nom du consulat, que du consentement exprès de 15 ou 20 prud'hommes notables du lieu et de la juridiction.

16. — Les forains voulaient que dorénavant, chaque année, le jour de leur élection, les nouveaux consuls eussent à prêter entre les mains de plusieurs prud'hommes du lieu et de la juridiction, le serment de tenir et observer les bons usages et les coutumes du lieu et de traiter tous les habitants en bonne foi. Les consuls répliquaient que cela ne regardait nullement les forains, et que de tout temps il a été d'usage pour les consuls nouveaux de prêter serment entre les mains de leurs prédécesseurs et du bayle royal, en présence d'une assistance convoquée, mais non nécessaire. Il fut convenu qu'à l'avenir. tous les ans, lors de la création de nouveaux consuls, ceux-ci seraient tenus de jurer sur les saints évangiles de Dieu, à la demande des forains qui ne pourront être plus de 15 ou 20, pris dans les différents quartiers dépendant de la baylie de Montcuq.

Cet accord passé entre les consuls et les forains fut reçu par Jean de Grèzes, et signé par les parties qui s'engagèrent à le suivre de tous points, comme Jean de Baynac, Pons de Cazelles, Bernard de Laboissière, Bernard de Giscard, Gasbert de Canophio, Guillaume de St-Genes, Seguin de S. et plusieurs autres, à peine d'une amende de 1000 l. p. t. Une copie authentique devait en être envoyée au sénéchal de Périgord et de Quercy avec prière d'y apposer le sceau de son autorité pour « meilleure fermeté à jamais ».

Cinq autres copies en furent faites dont une pour les habitants du lieu de Montcuq, une pour le « bras ou membre » de Bouloc, une

pour la partie des forains ou habitants du « bras ou membre » d'Or-
gueil, une pour les habitants de Saint-Pantaléon, et une pour le
« membre » des Cabanes de Saint-Georges.

Le parchemin que nous venons d'analyser est un vidimus de l'acte
original dressé à Cahors, le 19 mai 1393, par Jacob Sintonis et Durand
Latalhe, als de Croci, notaire royal et signé de Guichard Dulphe,
sénéchal de Périgord et de Quercy.

ADDITIONS AUX
COUTUMES DE MONTCUQ

(TEXTE)

Nos Guichardus dominus Dulphe. . . . .
rege, notum facimus universis et singulis disse et commisse. . . . .
sumptum et receptum per magistrum Johannem. . . . . condam
notarium regium, videlicet die octava mensis. . . . . anno
millesimo tricesimo sexto et suo sigillo. . . . . atum ut prima . . . .
quasdam. . . . . compositionem mihi
factas, habitas et concordatas. . . . . inter habitatores
castri Montiscuci vallium, senescalliæ predicte ex una parte, et. . . . . .
. . . . . ejusdem castri ex parte altera, de et super questionibus . . . . . .
. . . . quibus in dicto instrumento sit mencio. Quod. . . . . .
inter ceteras in eodem instrumento contentas clausulas inferius . . . . .
. . . . .et incipit in hunc modum. Noverint universi et singuli
. . . . .instrumenti seriem, inspecturi et audituri quod lis, questio,
debatum, controversia et materia litis questionis controversie, debati
verteretur et exstitisse dicimus ventilata ac etiam verteretur seu in pos-
terum. Montiscuci qui fuerunt et nunc sunt
et pro tempore fuerunt seu eorum sindicos ex unà parte et forenses
habitatores honoris dicti castri et eorum judices ex parte altera super
eo quod dicti forenses. . . . . pretendebant se et eorum in
posterum successores esse quittos, liberos et immunes ex nunc in antea
ab omni factione et refectione ac factionis et refectionis. . . . . . . et pres-
tatione pontium, fontium, plateorum. . . . . et viarum que
in posterum fient et factione et refectione indigebunt apud villam
Montiscuci et extra villam preexistantes de prope villam et in circum
dicte ville. Dictis vero consulibus in contrarium asserentibus et dicen-
tibus ipsos forenses habitatores dicti loci ad premissa tamen prout alii
habitatores dicte ville tenentur. Item super eo etiam quod dicti foren-
ses et eorum sindici pertinebant et petunt omnes eosdem forenses et

eòrum in posterum successores esse perpetuo ulterius liberos quictos pariter et immunes ab omni datione, colucione et prestatione reysve faciende dictis consulibus Montiscuci, ratione charitatis Penttecortis que fiet in posterum in castro de Montequco....... dictis consulibus contrarium asserentibus et dicentibus prefatos forenses debere, contribuere dicte charitati prout est acthenus consuetum. Item super eo videlicet quod dicti forenses et eorum sindici petebant et petunt quod dicti consules que nunc sunt vel pro tempus erunt de Montequco nequeant facere vel indicere pro communibus expensis dicti castri..... als quacumque de causâ habitatoribus castri de Montequco et honoris. .... aliquam talham seu collectam, nisi solum semel in anno que quidem talhia seu collecta in universo summo centum librarum turonensium non excederet. Dictis vero consulibus in contrarium dicentibus et asserentibus se esse et ab antiquo fuisse in pocessione paciffica et quieta per tantum tempus quod memoria hominum in contrarium non existit imponendi seu indicendi talhas seu collecta habitatoribus ville Montiscuci et ejus honoris intus et extra pro suo libito voluntatis, prout casus et negocia consulatus octinebant et eis visum erat expediens vel necesse. — Item super eo videlicet quod dicti forenses et eorum sindici petebant et petunt quod omnes et singule talhie et collecte que fient seu pro tempore fieri continget et nunc in antea aliqua ratione seu causa per consules antedictos habitatores Montisquci et ejus honoris intus et extra fiant et indicantur ulternis habitatoribus dicte ville et ejus honoris intus et extra pro solido et pro libra juxta modum et aliberationem de Lauzerta vel de Monte albano; dictis consulibus contrariun asserentibus et dicentibus quod talhie seu collecte debent indici et imponi per eosdem secundum modum et usum per ipsos et eorum predecessores diutius usitatum et observatum et non pro solido vel libra. — Item super eo videlicet quod dicti forenses et eorum sindici petebant et petunt quod in aliberatione per dictos consules habitatoribus dicti loci de Montequco et ejus honoris seu de eorum bonis faciendo et in ditione talharum seu collectarum ac in ratione reddenda seu in reddendo compoto de eisdem vocentur et sint presentes dicti forenses seu major pars eorumdem; dictis consulibus contrarium dicentibus et asserentibus se esse et eorum predecessores ab antiquo fuisse in pocessione paciffica et quieta indicendi talhas seu collectas habitatoribus ville Montisquci et ejus honoris intus et extra ipsis forensibus non vocatis nec presentibus nisi dumtaxat octo de dictis juxta quamdam compositionem nuper habitatorum inter consules dicti loci ex parte una et forenses predictos seu eorum sindicos ex parte alia.

Item super eo predicti forenses et eorum sindici petebant et petunt quod eo casu quo contingeret quod consules ante dicti indici super imponi vellent aliquam talham seu collectam habitatoribus ville et honoris dicti loci de Montequco in quacumque de causa quod pars seu portio contingens pro casu dicte talhe seu collecte jurium alibrantium predictarum unicuique parrochiarum dicte honoris indicetur autemquo imponatur et. . . . . . . habitatoribus uniuscujuscumque parrochie per duos probos viros ejusdem parrochie vocatis pluribus probis viris ejusdem parrochie absque aliqua augmentatione sine sobretalha et quod dicti consules levare seu exigere faciant per sermentum consulum dictam talham seu collectam communibus expensis totius universitatis dicti castri et ejus honoris; dictis consulibus in contrarium dicentibus et asserentibus quod talhe seu collecte imposite vel in posterum imponende dictis forensibus debent levare et levari actenus consuete ab eisdem forensibus propriis expensis et sumptibus eorumdem forensium.

Item super eo quod petebant et petunt dicti forenses et eorum sindici quod ipsi forenses et eorum in posterum successores uti valeant et gaudere libertatibus et franchesiis dicti castri de Montequco; dictis consulibus dicentibus et asserentibus quod præmissi eisdem consulibus in aliquo non pertinent.

Item super eo quod petunt dicti forenses et eorum sindici quod anno quolibet in nova creatione consulum de Montequco instituatur quidam probus vir, fide dignus de Montequco qui recipiat et recipere habeat, vice et nomine consulum, et universitatis dicti loci talhas seu collectas et alia emolumenta dicti loci consulatus, qui quidem probus vir de receptis et aministratis per eundem reddat et reddere teneatur legitime compotum et rationem consulibus ante dictis, vocatis et presentibus quindecim vel viginti probis viris de notabilibus forencium predictorum; dictis consulibus in contrarium asserentibus et dicentibus se esse et eorum predecessores ab antiquo fuisse in pocessione paciffica et quieta instituendi levacionem seu receptionem emolumentorum consulatus prœdicti et ab eodem recipere compotum et rationem si et quando eidem videbitur faciendum, absentibus forensibus predictis et ipsis vel eorum altero ad hoc minime convocatis.

Item super eo videlicet quod petebant et petunt dicti forenses et eorum sindici sibi reddi et restitui per consules antedictos partem seu

.portionem ipsis et eorum singulis contingenti de illo subcidio per ipsos novissime soluto Domino nostro Francie Regi seu ejus thesaurerio petragoriensi et caturcensi racione militie Domini Johannis de Francie ducis...... primogeniti dicti domini nostri Francie Regis, quod quidem subcidium idem dominus noster francie rex per suas patentes litteras reddi et restitiui jussit et mandavit per dictum thesaurerium petragoracensem et caturcensem dictis consulibus et singulis illorum qui contribuerunt in eodem : dictis consulibus contrarium asserentibus et dicentibus quod si aliqua restitutio fuit facta de dicto subcidio eisdem consulibus per dictum dominum thesaurerium, hoc fuit factum in debitis et obligationibus et non in pecunia et quod ipsi consules parati erant tradere et liberare dictis forensibus de dictis debitis et obligationibus..... qui assendunt summas dictis forencibus contingentes aut dictum subcidium et quidquid ex eodem recuperare poterunt, convertere et revendare in negociis et causis ac necessitatibus et expensis omnibus subscidio necessariis predictis, et de hiis que recuperabunt de dicto subcidio reddere bonum compotum et legale consulibus successoribus suis de Montequco, et aliis quorum interit, loco et tempore opportuno.

Item super eo quod dicebant et dicunt dicti forences et eorum sindici et asserunt quod lis, questio et causa diu nota pro jure regio contra consules dicti loci de Montequco qui tunc erant ocasione Guillermi de Brissinhoriis, Guillermi Brac non conterint aut tangit universitatem ejusdem loci de Montequco et specialiter dictos forences, sed pocessio tangit singulares personas utpote dominum Guillermon de Sancto Genesio, militarem, ac etiam Audoyum Johannem Ebrardi, qui ut principales debati fuerunt in curiam domini senescali Tholose ex comissione regia..... petebant et petunt dicti forences et eorum sindici quod eo casu quod aliqua sententia de predictis per curiam regiam ferri contingat per quam consulibus et universitati dicti loci essent in aliqua summa petunt..... quod consules dicti loci ipsos forences et eorum singulos a predictis quitos teneant et immunes ; dictis consulibus contrarium asserentibus et dicentibus quod hujus modi questio seu lis mota contra consules qui tunc erant occasione compotionis Guillermi de Brecinholas tum subentarii Tholose erat sentencia communis et concernit et tangit universitatem et consulatum..... quibus per dictos.......... deffensionis sunt inepta et per consequens ventilata...

. . . . seu questione habita. . . . . forenses
seu eorum sindici petebant et petunt . . . .
. . . . in tempore fuerunt. . . . .
universitatis per eosdem de bonis talhis seu . . . .
. . . .
eisdem forensibus in aliquo. . . . .
. . . . citra successive . . . .
. . . . et rationem legitiman successoribus consulibus
suis . . . .
[Item]. . . . . petebant et petunt dicti forences et eorum sindici
quod omnia illa bona que per dictos consules antiquos et modernos
. . . . bonis ipsius
consulatus utpote redditum, traditum insolutum Ramundo de Buxeria
et Petro de Siccosierio . . . . universitatem nec
ipsos forences et dicebant et dicunt de bonis propriis consulum et illo-
rum qui ad premissa erant obligati tantum recuperare, debere aut
per ipsos acquirere dicto consulatui et universitati sive boni quanti-
tatem — Dictis consulibus contrarium asserentibus et dicentibus quod
dictus Ramundus Dauli qui solutum tradit. . . . . . . per ipsos consules et
predecessores suos dicti loci de Montequco Ramundo de Buxeria et
Petro de Sicco serio predictis pro quibusdam debitis et obligationibus
et pro bonis. . . . . . per ipsos Ramundum et Petrum factis consulibus ante
dictis pro agendis et perfaciendis negociis communibus consulatus pre-
dicti sub certis convencionibus et pactis recuperandi eosdem redditus
solvendo eisdem et eorum cuilibet sortem debitum eisdem cum
expensis inde sequtis.

Item super eo quod petebant et petunt dicti forences et eorum sin-
dici quod negocia consulatus agant unus consul tantum minoribus
expensis quibus poterit exclusis omnibus aliis consulibus. Dictis consu-
libus in contrarium asserentibus et dicentibus quod hoc fiet ad libitum
voluntatis consulum predictorum prout actenus per predecessores
suos consules Montisquci est fieri consuetum.

Item super eo quod petebant et petunt dicti forences et eorum sindici
sibi reddi compotum et racionem legitimam per consules antiquos vel
modernos aut per magistros Johannem de Narcesio, Petrum de
Candelier et Johannem Calmeta aliis per consules antiquos institutos
ad recipiendum seu exigendum, quando talham seu collectam singulis
habitatoribus ville et honoris, intus et extra, impositam racione cujus-

dam finansie facte per dictos tunc consules et alios forences cum venerabili et potenti viro domino Guillermo de Sentenaco, canonico, ejusdem tunc comissario deputato per regiam magestatem ad recipiendum finansias a personis in nobilibus peracquisitis per eosdem innobiles a nobilibus et questas ecclesiarum de omnibus hiis que dicti consules antiqui vel moderni aut dicti magistri Johannes de Narcesio, P. de Candelario, Johannes Calmeta, notarii receperunt racione talhe seu collecte ac finansie prelibatas. — Dictis consulibus contrarium asserentibus et dicentibus quod compoti redditio premissa non pertinet nec debet aliquathenus pertinere dictis forencibus nec alteri eorum seu causa quia dicti notarii per dictos condam consules deputati ad recipiendum premissa de premissis bonis et legale compotum et rationem tam consulibus modernis quam antiquis reddiderunt, de quibus dicti consules sibi concesserunt publicum instrumentum seu publica instrumenta solutionis et quitationis ex quibus et ex quo reddiderunt compotum quibus interest, non oportet iterato computari.

Item super eo quod prefati forences et eorum sindici petebant et petunt quod predicti consules qui vel nunc vel pro tempore erunt Montisquci, nec aliquis ex ipsis non incipiant, nec incipere habeant seu debeant contra quemcumque vel quoscumque, nomine dicti consulalatus, litem vel lites, questionem vel questiones, in judicio vel extra, in agendo absque scientia, voluntate et consensu plurium proborum virorum de nobilibus castri de Montequco et ejus honoris, intus et extra. Dictis consulibus in contrarium asserentibus et dicentibus se fore suosque predecessores ab antiquo fuisse in pocessione paciffica et quieta incipiendi lites seu questiones, nomine dicti consulatus contra quoscumque nomine dicti consulatus, contra quibuscumque tam in agendo quam in de reddendo prout eis videbitur faciendum probis viris de Montequco et ejus honoris vocatis nunc vel etiam expectatis.

Item super eo quod petebant et petunt dicti forences et eorum sindici quod consules qui pro tempore erunt de Montequco, anno quolibet, in nova creatione eorumdem jurare habeant, pluribus probis viris de Montequco et ejus honoris intus et extra, tenere et observare bonos usus et consuetudines castri de Montequco et ejus honoris, ac compositiones inter ipsos consules et habitatores loci de Montequco et ejus honoris, intus et extra, habitas vel habendas quanto melius poterunt bona fide. Dictis consulibus in contrarium asserentibus et dicentibus hoc ad ipsos forences minime pertinere et pertinere debere, cum ipsi consules qui nunc sunt et pro tempore fuerunt, sunt et diu fuerunt in pocessione paciffica et quieta, jurandi antiquis consulibus eorum pre-decessoribus et bajulo Montisquci, dumptaxat probis viris de Monte-quco vel ejus honoris, intus aut extra, nunc presentibus seu vocatis.

Eadem die date hujus presentis publici instrumenti coram provido viro Ramundo Pacot, bajulo regio Montisquci pro Domino nostro Francie Rege, in presentia nostrorum notariorum et testium subs-criptorum ad infrascripta vocatorum venientibus et existentibus apud Montemqucum, nobilis Dominus Bernardus de Narcesio, miles, Gis-cardus de Giscardo, Ramundus Bernardus de Olmia, domicelli, Arnaldus de Cambone, Johannes Flamenc, magister Petrus de Cande-lier et Ramundus Chery, consules castri Montisquci, pro se et aliis consulibus, sociis suis, de habitatoribus et universitate dicti castri de Montequco, ac Petrus Ebrardi, Bernardus Meliorati, nuper constituti sindici per universitatem et consules dicti loci de Montequco, ad infrascripta habentes ad hoc speciale mandatum prout constat per quoddam publicum instrumentum sive quedam publica instrumenta, die date hujus predicti publici instrumenti confectum seu confecta per magistros Johannem de Grezis et Geraldum de Cumba, notarios regios, cujus instrumenti tenor inferius est inscriptus, ex una parte; veneruntque etiam et comparuerunt nobiles Guillermus de Olmia, Guillermus Bernardus de Olmia, Arnaldus de Bosco, Bertrandus de Lezergis, domicelli, Gasbertus de Lobeiaco, Ramundus de Olmia, Arnaldus Deltilh, Johannes Daden, Stephanus Dellatar, Guillermus de Lacaza, Ramundus Guasc, Hugo de la Sudria, Bernardus de Ruppe, Geraldus de Ulmo, Ramundus de Vigaria, Guillermus Guasc, Arnal-dus de Ruppe, Bernardus Lauret, Ramundus Rey, Bernardus de la Clota, Arnaldus Portas, Gasbertus de Lacroza, Petrus de Salis, Guil-lermus Eschalier, Arnaldus de Ruppe et Guillermus de la Sudria, procuratores sindici et iconomii habitatorum, forensium honoris castri de Montequco; de quo quidem procuratorio seu sindico constare dixerunt per quoddam publicum instrumentum inde confectum per magistrum dictum Johannem de Grezis, notarium publicum, cujusqui-dem sindicatus seu procurationis instrumentum inferius continetur, habentes potestatem et speciale mandatum dicti procuratoris sindici seu iconemii et eorum singuli in solidum supra et infrascripta facienda contenta in presenti publico instrumento, ex parte altera.

Qui quidem sindici et procuratores seu iconemi et eorum qui libet juraverunt ibidem in manibus dicti bajuli, in dicto procuratorio seu sindicatus officio, bene et fideliter se habere et utilia universitatis dicti castri de Montequco procurare et inutilia pro viribus evitare bona fide juxta et secundum potestatem eisdem et cuilibet eorum atributum.

Hos multos tractatus habitos super predictis et singulis predictorum, quibus discretis viris amicis dictarum partium intervenientibus et tractantibus super premissis questionibus, controverciis et debatis et super singulis capitulis eorumdem, volentes anfracta, indicianos et sumptus et expensa que ex inde sequi possent evitare ut dixerunt pro bono pacis et concordie, pro se et suis heredibus et successoribus universis et singulis, ac universitatis et habitatorum dicti loci de Montequco et ejus honoris. Protestato primitus et ante omnia per dictos nobiles procuratores sindicos seu iconemos, nec non per nobiles dominos Johannem de Baguato, Bernardum de Orgolhio, milites, Bernardum de Giscardo, Guillermum de Sancto Genesio, Bernardum de Narces, Gasbertum de Canophio, domicellos, et per nonnullos alios nobiles ibidem persistentes, pro se et aliis nobilibus dicti castri de Montequco et ejus honoris, sibi adherere volentibus in hac parte, et per transactionem hujusmodi non intendunt suis libertatibus seu franchesiis acthenus et diutius usitatis in aliquo derogare, imo potius in eisdem volunt percistere alternis perpetuo, non obstantibus transactionibus contentis in presenti publico instrumento, dicte partes et earum quelibet inter se amicabiliter se compromiserunt, pacificaverunt et transigerunt per hunc modum :

Primo quod dicti forenses habitatores honoris dicti loci de Montequco, qui nunc sunt et pro tempore futuro erunt, seu eorum in posterum successores ex nunc in antea sunt quicti, liberi et immunes ab omnibus factionibus et refectionibus seu reparationibus itinerum, porcium, foncium, frontorum, viarum et peyratarum que fient in posterum in dicta villa Montisquci seu extra villam infra pontes et rivos de la Bargalona e de Nega Velha versus villam, salvis et exceptis refectione murorum vallatorum seu aliarum fortaliciarum ejusdem ville pro tempore competenti.

Item quod dicti forences et eorum in posterum successores ex nunc in antea sint quicti, liberi et immunes dandi, prestandi seu contribuendi caritati festi Penthacostes que fiet pro tempore et in posterum in dicto loco de Montequco, salvis et exceptis piis legatis et helemosynis, si aliqui de forensibus jam deffuncti aut presentes aut eorum in posterum successores fecerunt aut facere contingeret in futurum caritati predicte.

Item fuit actum et expresse inter partes predictas per viam pacis et compositionis predicte quod dicti consules qui nunc sunt seu pro tempore erunt in dicto castro seu villa de Montequco, pro omnibus negociis, litibus seu expensis ejusdem consulatus de cetero non facient seu facere possunt seu imponere habitatoribus dicti castri et ejus honoris aliam talham seu collectam excedentem summam centum librarum turonensium parvorum, et quod fiat semel tantum in anno, eo casu quo erit necessarium............................ partes predictas quod pro subcidio ant exercitu dicti domini nostri francie regis aut alio negocio quocumque................... pro bonis comunibus acquirendis ville dicte de Montequco......... ditus dicte talhe seu collecte valeant augmentum videlicet quod dictis bonis communibus acquirendis de concilio probo virorum loci dicti de Montequco et ejus honoris intus et extra, et aliter non.

Item fuit actum et expresse per viam pacis seu compositionis predicte quod omnes talhe sen collecte, ex quacumque causa fiant, per consules dicti loci, habitatores dicte ville et honoris ejusdem loci fiant de cetero pro solido et libra juxta modum et alibramentum loci de Lauserta et ejus honoris seu Montis albani, casu quo consulibus Montisquci et pluribus providis viris de Montequco et ejus honoris, intus et extra et de qualibet parrochia super hoc congregatis dictum alibramentum bonum seu expediens videretur.

Item fuit actum et expresse inter partes predictas quod de cetero in indicione seu impositione talhe que fient seu fieri continget per consules qui nunc sunt aut pro tempore erunt de Montequco habitatoribus ville et honoris ejusdem loci, et in racione reddenda eorumdem vocentur de qualibet parrochia ejusdem honoris per mutuum seu sermentum consulum predictorum duo probi viri de notabilibus ejusdem parrochie, et si vocati interesse voluerunt per consules dicti loci ejusdem probis viris qui vocati erunt presentes ostendatur necessitas consulatus et quod indicatur talha seu collecta per dictos consules per modum predictum habitatoribus dicte ville et ejus honoris intus presentibus dictis probis, si vocati interesse voluerunt ad premissa ut prefertur ; et reddatur ratio et compotum per consules antiquos, ut est athenus fieri consuetum, consulibus successoribus suis et dictis probis viris presentibus, si vocati interesse voluerunt ad premissa.

Item fuit actum et expresse, per viam pacis et compositionis predicte inter partes predictas quod eo casu quo contingeret per consules ante dictos seu eorum successores fieri taliam seu collectam aliquam habitatoribus dicte ville et ejus honoris ex quacumque de causa, quod pars seu portio contingens unicuique dictarum parrochiarum seu habitatorum eorumdem, de cetero proponatur seu indicetur per duos probos viros cujuslibet dictarum parrochiarum vocatis et secum assistentibus pluribus probis viris uniuscujuscumque parrochiarum ante dictarum absque aucmentatione sive sobre talham, qualemcumque, et quod si habitatores dictarum parrochiarum compellendi fuerunt pro dictis talhis sive collectis sibi impositis sirvens consulum eosdem compellendi intus et extra compellat et compellare habeat ad solvendum communibus expensis dicti consulatus et totius universitatis predicte.

Item fuit ordinatum quod annis singulis in nova creatione consulum, in posterum, in dicto loco de Montequco creandorum per novos consules ut premictitur creandos, instituatur quoddam probus vir qui recipiat seu recipere habeat emolumenta et proventus consulatus predicti, et ille probus vir, ut premictitur institutus, anno quolibet, teneatur reddere compotum et legitimam rationem de receptis et administratis per eumdem bonis ejusdem consulatus, vocatis probis viris de notabilibus dicti loci de Montequco et ejus honoris, usque ad numerum quindecim, vel viginti, si vocati ad premissa voluerunt interesse.

Item fuit actum et conventum expresse inter dictas partes, per viam pacis et compositionis predicte, quod totum id quod dicti consules recuperare poterunt de dicto subcidio per consules et universitatem ejusden castri et ejus honoris, salvo domino thesaurerio regio petragoriensi et caturcensi, ratione milicie Domini Johannis de Francia, primogeniti dicti domini nostri regis francie, a dicto domino nostro rege seu ejus thesaurerio seu quibus aliis personis, ratione, donatione facte de dicto subcidio per dictum thesaurarium, ponant ipsi consules et expendant ac liberi convertant in communibus expensis ejusdem consulatus et universitatis castri Montisquci intus et extra factis seu etiam faciendis, et quod dicti consules antiqui et moderni de dicto subcidio perpetuo ulterius quicti sint, liberi et immunes, supredictis forencibus sen singulis eorumdem.

Item fuit actum et expresse inter partes predictas, per viam pacis et compositionis predicte quod dicti consules Montisquci, qui nunc sunt et atriginta annis citra fuerunt, sint quicti, liberi et immunes reddendo dictis forencibus seu sindicis eorumdem aut alteri alicui pro eisdem compotum et rationem de gestis, negociatis et aministratis per eosdem modernos consules et antiquos vel eorum alterum tempore sui consulatus predicti, hiis dumtaxat exceptis que consules moderni, anno presenti, egerunt, seu negociaverunt, aut facient, seu negociabunt tempore sui consulatus predicti.

Item fuit actum et expresse per viam pacis et compositionis istius, quod eo casu quo contingeret per magistratum regiam seu ejus curiam reverendam aut per aliquem a magestate regia seu ejus curia deputatum aliquam fieri sententiam contra consules et universitatem predictam, continentem aliquam condemnationem pro lite et occasione litis mote Guillermi de Benessinholas et Guillermi Brac venerabilis viri domini officialis caturcensis, qui nunc est, vel pro tempore fuerit, Bernardi Gervasii, et Bernardi Benedicti, juris periti, dominus Poncius Molinerii, doctor legum, decernere et declarare de jure habeant an dicti forences teneantur in aliquo contribuere in dicta condemnacione, si que sit, nec ne visis processibus et actis habitis supra lite predicta, quod dicte partes ad invicem et earum quelibet, gratis et sponte ex nunc et ex tunc, et ex tunc ut ex nunc, ad premissa facienda, dicenda et declaranda de jure, unanimiter elegerunt et se jam ordinationi seu declarationi dictorum dominorum, de jure tamen dicenda et declaranda totaliter submiserunt.

Item, fuit actum et expresse per viam pacis et compositionis predicte inter partes predictas, quod ea que per consules antiquos seu modernos vendita seu alienata sint in solutum. . . . . dictis viris Ramundo de Buxeria, Petro de Siccoserio et quibus aliis personis, de bonis seu de redditibus ejusdem consulatus ex quo pro communibus expensis ejusdem consulatus facta fuerunt, firma remaneant et in suo robore et effectu, quodque dicti forences, seu eorum aliqui, aliquid petere non habeant in iisdem, salvis remanentibus consulibus et universitati, intus et extra, predictis pactis et conventis, factis et habitis inter dictos creditores et consules de revendendo eadem infra certum tempus in literis seu instrumentis super dicta venditione seu in solutum traditione confectis et...

Item, fuit actum et expresse, per viam pacis et compositionis predicte inter partes predictas, quod consules antiqui et moderni et qui pro tempore erunt de Montequco et dicti magistri Johannes de Narcesio,

Petrus de Candelaria et Johannes Calmeta notarii olim per consules ejusdem loci instituti ad recipiendam talham sive collectam impositam habitatoribus ville et honoris ejusdem loci, ratione illius financie facte cum venerabili viro domino Guillermo de Ventenaco per consules dicti loci, pro se et tota universitate ejusdem, intus et extra, pro acquisitis per habitatores dicti loci et ejus honoris in nobilibus a nobilibus, ex quo dicti magistri Johannes de Narcesio, Petrus de Candelario et Johannes Calmeta compotum et rationem reddiderunt de premissis dictis consulibus, per quos, ut preffertur, ad premissa recuperanda fuerunt deputati ad reddendum compotum et rationem de premissis, sint nunc et in pertetuum quicti, pariter liberi et immunes.

Item, quod dicti domini consules ex eis unus nobilis et alter innobilis negocia consulatus, sy vellint et sibi visum fuerit expediens, exercere valeant ad communes expensas consulatus dicti castri et ejus honoris, et quod quilibet dictorum consulum qui negocia ejusdem consulatus agere, vel negociare voluerit, infra tamen senescalliam petragorensem et caturcensem, expendere nequeant, nec computare habeant pro qualibet dicta cum roncino et loguerio ejusdem ultra quinque solidos turonenses parvos, scripturis et advocatis dumtaxat exceptis; si tamen extra senescalliam predictam habeant proficere sive negociare. . . . erat austeritas temporis, quod eo casu provideant consules inter se et alii probi viri dicti loci et honoris ejusdem.

Item fuit actum et conventum expresse inter partes predictas quod in nova creatione consulum dicti loci in posterum creandorum, ipsi consules hanc presentem compositionem et contenta in eadem tenere et observare habeant et non contra facere, dicere vel venire aliquid per quod presens compositio seu transhaclio poterit viribus vacuare, seu quomodolibet deteriorari sen infingi ; et quod ipsi consules ad sancta Dei jurare habeant, si per forenses predictos aut eorum successores aut ab aliquo ex ipsis requirerentur, ita tamen quod in dicta requesta de dictis forencibus sint usque ad numerum quindecim vel viginti, in quo sint numero de quolibet brachio dicte baylive Montisquci qui quidem forenses vice versa jurare habeant premissa tenere, et ita dicti consules pro viribus observare, quantum potuerit, bona fide.

Item fuit actum expresse et conventum inter partes predictas per viam pacis et compositionis predicte quod dicti consules, nec aliquis ex ipsis, vice et nomine dicti consulatus, nullam litem sen negociam

.ant denuntiationem, in agendo quoquo modo, incipere possint contra quemcumque vel quoscumque nisi de voluntate et expresso consensu quindecim vel viginti proborum virorum notabiliorum loci de Montequco et ejus honoris, intus et extra.

Quam quidem compositionem, transactionem et pacem et omnia alia universa in hoc presenti publico scripta et contenta per dictos consules, habitatores et sindici castri de Montequco . . . . supra et procuratores et sindici forenses et predictorum quilibet pro se et quibus supra nomine quo supra omnia observare. . . . .
. . . .
Johannes de Baguato, Poncius de Cazello, Bertrandus de Buxeria . . . .
de Guiscardo, Gasbertus. . . . . de Sancto
Genesio ac Seguenuis de S. . . . . et nonnulli alii probi viri
dicti loci et ejus honoris, intus et extra. . . . . acistantes omni
appellationi. . . . . emologaverunt et ratiffica-
verunt . . . . ac ratam, gratam pariter et acceptam
habuerunt et habere voluerunt perpetuo ulterius pariter et accep-
tam. . . . . et earum quelibet ad invicem
solempni. . . . . interveniente hinc inde et ad sancta Dei
evangelia juraverunt, sub pena mille librarum turonensium parvarum
domini nostri regis danda et applicanda predictam compositionem,
transactionem et pacem, et omnia alia universa et singula in hoc presenti
publico instrumento contenta et scripta tenere, complere et non contra
facere. . . vel venire. Et super hiis dicte partes et earum quelibet certe
et de eorum siensiis ut dixerunt, requirentes nihilhominus dicte partes
et earum quelibet presens instrumentum ferre et tenere. et etiam
supplicanti dicto presenti et nihilhominus nobili et potenti viro domino
senescallo petragorensi et caturcensi, licet absenti ut ad requestam
simplicem latorum dicti presentis publici instrumenti eidem publico
instrumento et in eo contentis auctoritatem suam judiciariam interponat
pariter cum decreto ad majorem perpetuo roboris firmitatem ; Et si
partes tamen absentes tunc vel presentes et earum quamlibet auctoritate
sua judiciaria ad tenendum et servandum omnia et singula in presenti
publico instrumento scripta pariter et contenta, causa cognita, similiter
condempnet tanquam vere consistentes in judicio coram eo et curia
sua, sigillumque auctentitcum dicte senescallie dicto presenti instru-
mento apponi faciat in fidem et testimonium premissorum. Et de hiis
debent fieri quinque publica instrumenta, unum videlicet parte

habitatorum loci sive castri de Montequco, et alium vero pro parte habitatorum forensium bracchii sive membri de Bono loco, aliud pro parte habitatorum forencium brachii sive membri castri de Orgolhio, et aliud pro parte forensium brachii sive membri Sancti Pantheleonis et aliud pro parte habitatorum sive forencium brachii sive membri Cabanarum Sancti Georgii, honoris de Montequco ; tociens facienda et reficienda quotiens per dictos forences vel aliquem eorumdem fuerit requesitum . . . . vero instrumento. . . . potestatem procuratorum seu sindicatorum predictorum senatum sequentium in. . . . . in hec verba et cetera. In quorum visionis, palpationis et diligentis transcriptionis fidem et testimonium, nos senescallus predictus sigillum regium dicte nostre senescallie caturcensis huic presenti transcripto et exemplo seu vidimus apponi fecimus impendenti per custodem ejusdem. Datum, transcriptum et exsemplatum Caturci, die decina nona mensis maii anno Domini millesimo trescentesimo nonagesimo tercio. Facta est collatio cum originali, nobiscum Jacobo Sentonis et Durando Latalho als de Croci notario regio Catürci.